JN142894

「レバレッジ貯金」のススメ

【ローリスク】&【ほったらかし】の資産形成法

渡邉一樹／加藤皓太
Kazuki Watanabe / Kota Kato

ぱる出版

はじめに

▼あなたは「ウサギ」タイプ？　それとも「カメ」タイプ？

まずは、数あるお金や投資関係の本の中から本書を手に取っていただき、ありがとうございます。

最初にお断りしておきますが、この本は「1年で1億円儲ける」とか、「10万円を1億円にする」とか、「利回り20％で運用する」といった、魅力的な言葉が躍る耳障りの良い本ではありません。

本書は、コツコツと、時間をかけて、確実に資産を形成していくための本ですので、どちらかというと「地味な本」と言えるでしょう。

ですので、一獲千金を狙うタイプの人や、ラクして儲けたいという人には向かないと思います。

しかし、『ウサギとカメ』の物語でいえば、カメのような堅実でコツコツ型の人には向いていると思いますので、そういうタイプの人には、ぜひこのまま読み進めていただきたいと思います。これまで約5000人の相談に乗ってきた中で感じるのは、最後に勝つのは決まってカメだということです。あなたも勝ちを味わいませんか？

▼今の時代に合った正しい資産形成法とは？

私たちがこの本であなたにお伝えしたいことは、さまざまな情報が飛び交う中で、「今の時代に合った正しい資産形成法とは何か？」ということです。

これまでは年金制度がきちんと機能していましたので、ある程度の貯金があれば、わざわざ老後のための資産形成をしておかなくても、定年後も年金で普通に生活していくことができました。

しかし今は、将来、年金制度がどうなるか不透明なことから、自分の老後資金は自分で作らなければいけない時代に突入したと言っても過言ではありません。

ところが、世の中には本当の意味での資産形成に関する情報が、あまりにも少なすぎるのが実情です。

そのため、「資産形成」と「投資」の違いがわからず、資産を作ろうとして、逆にお金を減らしてしまっている人がたくさんいます。

かと思えば、「投資は怖い」という思いが強く、預貯金しかしていない人もいます。これでは、どちらも老後の生活に必要な資産を形成することは難しいと言わざるを得ないでしょう。

▼「レバレッジ貯金」は安全、確実な資産形成法

では、どうすれば老後のための資産形成をすることができるのでしょうか?

それにはいくつかの方法がありますが、私たちがおすすめしているのが「レバレッジ貯金」を組み込んだ資産形成のポートフォリオ(分散投資)です。

レバレッジ貯金というのは、私たちが考えた造語ですが、一言で言うと、「他人が自分のために、長期間にわたって、継続的に、お金を入れてくれる貯金箱を持つことによって、資産形成をすること」です。

「そんなウマイ話があるの?」と疑問に思った人も多いと思いますが、じつはこれがあるのです。

このレバレッジ貯金をポートフォリオに組み込むことで、安全で、確実に、資産形成をすることができるのです。

▼「**ローリスク**」「**ほったらかし**」「**インフレ対応**」

しかも、このレバレッジ貯金には、次の3つの特徴があります。

①ローリスク
②ほったらかし
③インフレ対応

世の中には「ハイリスク・ハイリターン」の投資や投機の情報が溢れていますが、それで資産形成をしようとするのは危険です。

前述したように、資産を増やすつもりが、失敗して資産を大きく減らしてしまっている人たちがたくさんいますので、本気で資産形成をしたければ、そういうものに安易に手を出してはいけないのです。実際、投資信託をしている人の7割は資産を減らしていると言われています。

2つ目の「ほったらかし」は、レバレッジ貯金の最大の魅力と言ってもいいかもしれません。

かつて高度経済成長の時代には、銀行や郵便局にお金を預けておくだけで、ほったらかしで7～8％の利息がついていて、元金が2倍になるといったことがありました。

しかし、現在のような超低金利時代では、銀行にお金を預けていてもほとんど利息がつかない状況です。

高度経済成長期と同じように7～8％で運用したければ、自分で投資の勉強をしたり、マネジメントをしたりする必要があるのです。それでも運の要素が大きく確実とはいえません。

また、インフレに対応していることも、レバレッジ貯金の大きな特徴です。

現在、政府によって2％のインフレ政策がとられていますが、インフレになるということは、モノの値段が上がり、お金の価値が下がるということです。

仮に老後の資金として1億円貯めたとしても、30年後すごいインフレになって、仮にモノの値段が2倍になっていたとしたら、1億円の価値は半分の5000万円になってしまいます。これでは老後の生活資金が足りなくなる可能性がありますよね。

ですから、単にお金を貯めるだけでなく、インフレに対応した資産を作ることが重要なのであり、それができるのがレバレッジ貯金なのです。

▼「老後の見える化」ができれば、今を我慢しなくてもよくなる！

レバレッジ貯金については後ほど詳しく説明するとして、本書では、

・そもそも資産形成とは何なのか？
・資産形成と投資と投機の違いとは？
・なぜ今、資産形成が必要なのか？
・理想的な資産形成のポートフォリオとは？
・豊かな老後生活に必要なお金は？

・レバレッジ貯金の始め方

などについて、詳しく説明していきたいと思います。

将来のお金の心配がなくなれば、あなたは今の生活を思いっきり楽しむことができるようになります。

本当はやりたいのに我慢していたことも、我慢しなくてよくなるのです。

なかには親孝行したくても自分の生活が精一杯で、親に何もしてあげられなかった人もいるのではないでしょうか。

しかし、自分の「老後の見える化」ができれば、やりたいことができるようになります。

レバレッジ貯金は、ある意味、自分の老後を見える化することなのです。

さぁ、あなたも私たちと一緒に、レバレッジ貯金を組み込んだ資産形成のポートフォリオを始めましょう！

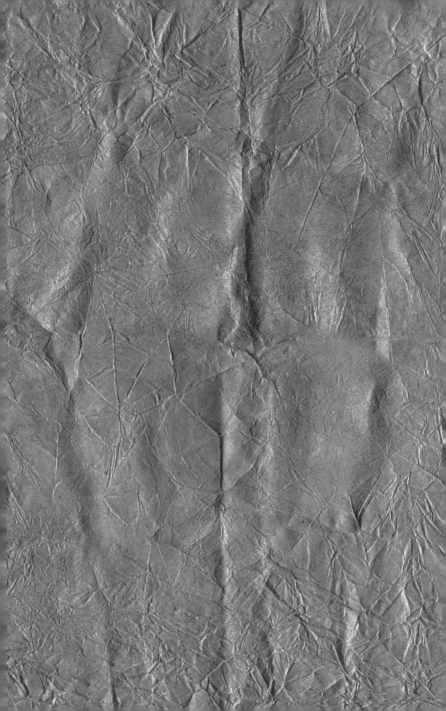

「レバレッジ貯金」のススメ

〝ローリスク〟&〝ほったらかし〟の資産形成法

もくじ

第1章　そもそも資産形成とは何なのか？

第2章 なぜ今、資産形成が必要なのか？

第3章 資産形成で気をつけなければいけないこと

第4章 あなたの老後をシミュレーションしてみよう

第5章 資産形成のポートフォリオを組もう

第6章 誰も教えてくれなかった「レバレッジ貯金」のススメ

第7章 「レバレッジ貯金」になる不動産、ならない不動産

カバーデザイン▼EBranch 冨澤 崇
図版作成▼原 一孝
本文レイアウト▼Bird's Eye

第1章

そもそも資産形成とは何なのか？

～ベンツとBMW、新車で買うならどっち？～

①「資産」とは「お金を産み出すもの」のこと

まずは「資産形成とは何なのか?」という話から始めたいと思います。

あなたは今、「資産形成」をしていますか?

この質問に対して、次のように答えた人もいるかもしれませんね。


「もちろん。毎月2万円ずつ貯金をしているよ」

「天引きで財形貯蓄をやってるよ」

「貯金が200万円あるよ」

「株式投資を始めたよ」


しかし、残念ながら、これらは正しい資産形成とは呼べません。

なぜなら、単にお金を貯めているだけで、「資産」を作っているわけではないからです。株式投資に至っては、元本割れのリスクもありますので、お金を貯めるどころか、減らしてしまう可能性さえあります。

では、そもそも「資産」とはいったい何なのでしょうか？

一般的な定義でいうと、「資産」とは、現金や証券、土地、建物、自動車など、いざとなれば現金化できるものすべてを指す言葉であると考えられています。

このような定義にあてはめて考えると、先ほどの貯金も財形貯蓄も株も「資産」と呼べなくもありません。

しかし、私たちが考える「資産」とは、読んで字の如く、「資を産むもの」のことです。

「資」というのは「財産＝お金」のことですので、資産とは「お金を産み出すもの」のことなのです。

『金持ち父さん貧乏父さん』の著者であるロバート・キヨサキ氏の言葉を借りれば、「資産とは、あなたのポケットにお金を入れてくれるもの」ということになります。

お金を産み出すポケット

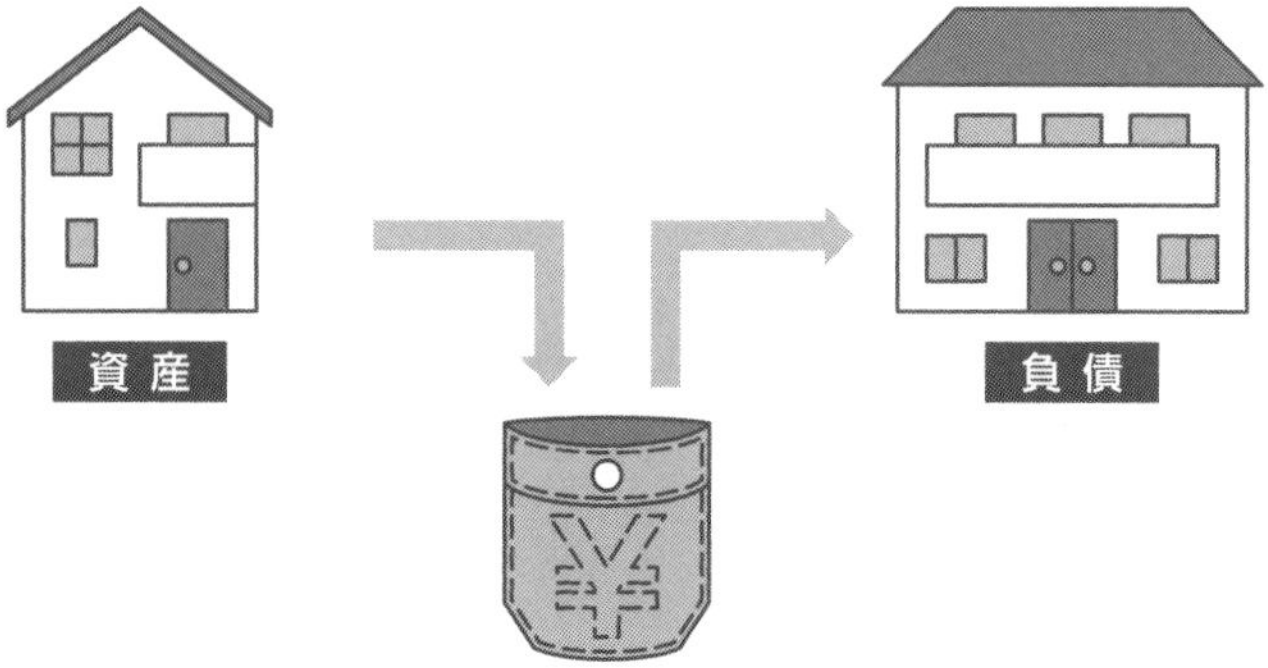

さらに、ロバート・キヨサキ氏は、資産の対になる言葉として「負債」という言葉を挙げ、「負債とは、あなたのポケットからお金を奪っていくもの」と定義しています。

そして、「資産」を増やすことにお金を使い、「負債」を持たないようにすることが大切だと説いているのです。

つまり、「お金を産み出すもの」にお金を使うことが、正しい資産形成のポイントだというわけです。

②資産は大きく分けて3つある

では、お金を産み出してくれる「資産」と呼べるものには、具体的にどのようなものがあるのでしょうか?

大きく分けると次の3つです。

①ペーパーアセット
②リアルアセット
③ビジネス

ペーパーアセットとは、文字通り、紙(ペーパー)の資産(アセット)のことです。

たとえば、株、投資信託、国債などがこれに当たります。

これらは持っているだけで、配当や金利といった形でお金を産み出してくれますので、資産と呼べるのです。

ただし、株は常に値下がりするリスクがありますし、投資信託も元本割れのリスクがあります。国債もその国が破綻したら、ただの紙切れになる可能性もありますので、これらの資産にお金を使う場合は注意が必要です。

リアルアセットとは、実際に存在する資産のことです。ハードアセットと呼ばれることもあります。

代表的なのが、不動産です。

不動産は人に貸すことで家賃収入を得ることができますので、お金を産み出してくれるのです。

ビジネスというのは、労働収入ではなく、権利収入を得られるようなビジネスや、ほったらかし、もしくは短時間の労働で収入を得られるようなビジネスです。

たとえば、スマホのアプリを作って販売するとか、サイトを作ってそこから広告収入を得るといったことが考えられるでしょう。

また、自動販売機やコインロッカー、コインランドリーのように、それを持っ

資産と呼べる３つのもの

1	ペーパーアセット	株、投資信託、国債など
2	リアルアセット	不動産など
3	ビジネス	スマホアプリ販売、サイト作成（広告収入）、自動販売機、コインロッカー、コインランドリーなど

ているだけで収入が入ってくるようなビジネスもこれに該当すると言えます。

老後の年金がどうなるかわからない今の時代、労働収入しかなければ、定年になって働けなくなったときに困ってしまうことになります。

ですから、働かなくてもお金を産み出してくれる資産を、今から作っておくことが重要なのです。

③ 貯金は資産形成とは呼べない理由

「だったら、貯金もポケットに利息というお金を入れてくれるから、資産じゃないの？」と思った人もいるかもしれませんね。

たしかに、利息というお金を産み出してくれますので、資産の側面があることは確かでしょう。

前述したように、高度経済成長期はただ預けておくだけで7～8％の利息がついていましたので、資産と呼べたかもしれません。

しかし、今は超低金利時代で、利息はほとんどつきませんし、下手をすると自分のお金を引き出すだけなのに手数料を取られることもあります。

これでは、とてもお金を産み出してくれる資産とは呼べないでしょう。

さらに、貯金というのは、ただ単に余ったお金を貯めているだけのケースが多く、何か目的があって貯めている人は少ないのが実情です。

目的がある人の場合でも、その目的は「生活費が足りなくなったときのため」、「旅行に行くため」、「子供の学費のため」、「車を買うため」、「マイホームを買うため」といったもので、その目的のほとんどは「消費」や「浪費」のためなのです。

そして、これらの消費や浪費は、お金を産み出すものではないため、これらの目的で行っている貯金は、資産形成とは呼べないのです。


もちろん、余った給料を全部使ってしまうよりも、少しずつでも貯金するほうがいいことは確かです。

しかし、ただ余ったお金を貯金しておくだけでなく、お金を産み出してくれる資産を作るためにお金を使うことが大事なのです。

④ お金の使い方は「消費」「浪費」「投資」の3つに分けられる

「消費」や「浪費」という言葉が出たところで、少しお金の使い方の話をしておきたいと思います。

お金の使い方（支出）は、一般的に大きく「消費」「浪費」「投資」の3つに分けられます。

「消費」というのは、生きていく上で欠かせない支出のことで、たとえば食費や水道光熱費や家賃などがこれに該当します。

次に「浪費」ですが、これは必要以上の贅沢品や無駄な支出のことです。必要もないのに衝動買いをしてしまったり、競馬やパチンコなどのギャンブルに使ったりといった支出は浪費といえます。

3つの支出とは？

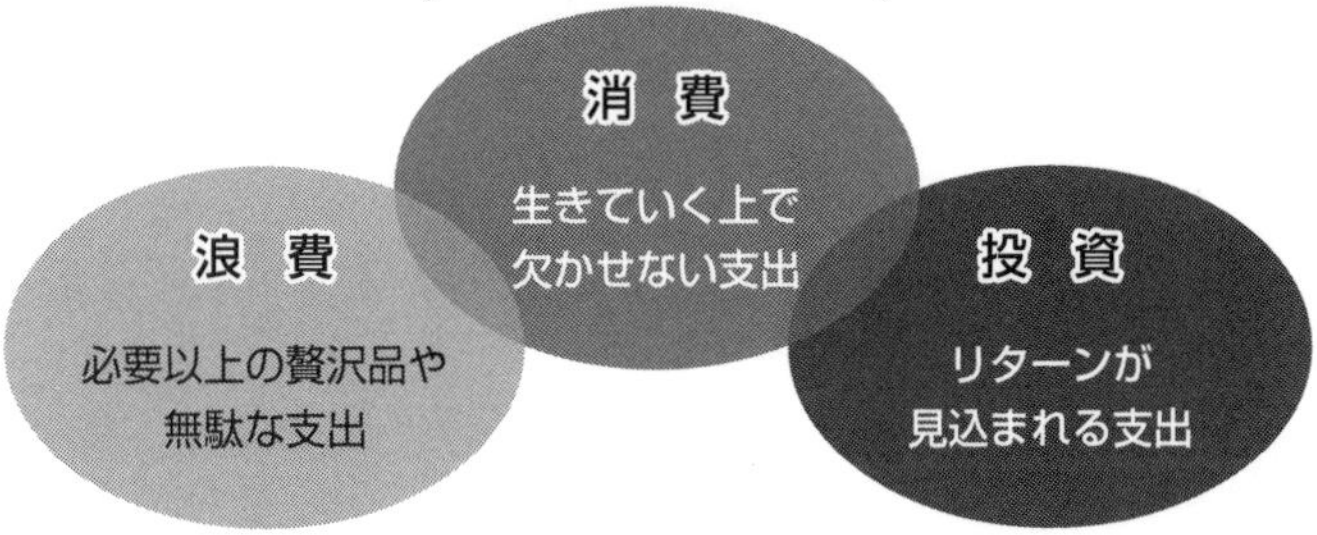

最後に「投資」ですが、これはリターンが見込まれる支出のことです。株式投資や不動産投資がそうですし、自分が成長するために本を読んだりセミナーに出たりといった自己投資もこれに該当するでしょう。

そういう意味では、資産形成もリターンが期待できますので、投資と言えます。

これらの分け方は人によって多少違ってきますが、自分が今、消費をしているのか、浪費をしているのか、投資をしているのかを考えて使うことが重要です。

消費や浪費ばかりしていては、お金は貯まりませんし、資産形成もできないのです。

⑤ マイホームもじつは「資産」ではなかった

資産の話をすると、よく聞かれる質問が、「マイホームは資産ですよね?」というものです。

将来、マイホームを購入したいと思っている人も多いと思いますので、ここでマイホームについてお話ししておきたいと思います。

先ほど説明した資産の定義、すなわち「お金を産み出すもの」、「あなたのポケットにお金を入れてくれるもの」に照らし合わせると、「マイホームは資産ではない」ということになります。

なぜなら、マイホームはお金を産み出さないからです。

むしろ、住宅ローンの返済が発生するため、あなたのポケットからお金を奪っていくものなので、マイホームは「負債」なのです。

ただし、マイホームを資産に変える方法があります。

それは、人に貸すことです。

自分と家族が住んでいるだけでは、マイホームは1円もお金を産み出しませんが、人に貸せば家賃が入ってきますので、お金を産み出すことになるのです。

さらに、マイホームを売却すれば、売却代金が入るので、お金を産み出すことになりますが、バブルのころであれば、地方の一軒家が買った値段よりも高く売れたこともありましたし、多少値段が下がっても中古市場で売ることもできました。

しかし現在は、中古の一軒家は売るのが大変難しい時代です。

特に、これからは少子化で家が余っていく時代ですから、今後ますます一軒家は売れなくなっていくと言っても過言ではないでしょう。

実際、国土交通省の『住宅・土地統計調査』によると、2014年7月末時点の空き家の数は全国で約820万戸もあるそうです。

さらに、野村総合研究所の推計によると、2033年には空き家の数が約2170万戸に倍増すると試算されています。

したがって、今の時代、一軒家を買うことは資産形成ではなく、娯楽品を買うようなものと思っておいたほうがいいでしょう。

⑥ ベンツとBMW、新車で買うならどっち？

車もマイホームと同じで、自分のために所有しているだけではお金を産み出さないので、資産とは呼べません。

とはいえ、富裕層の人たちも、車やマイホームを所有していたりします。

では、富裕層の人たちは、どういう基準で車やマイホームを購入しているのでしょうか？

じつは、富裕層の人たちの消費行動には特徴があります。

それは、家や車のような高額なものを購入する場合は、できるだけ価値が下がらないものを購入するということです。

たとえば、現在、不動産マーケットではかつて高級マンションの総称だった「億ション」という言葉が死語となり、今は2億～3億円出さなければ、高級マンションが買えない時代になりました。

にもかかわらず、2億～3億円の高級マンションが「即日完売」という状況が続いています。


じつは、このような高級マンションを買っているのが富裕層なのです。

彼らはお金があるから買っているわけではなく、このような2～3億円の高級マンションは、中古になってもほとんど値段が下がらないから買っているのです。

下がるどころか、買ったときの値段よりも上がるケースもあります。

一方、郊外の3000～4000万円の一軒家は、中古になるとすぐに半額くらいに値下がりしてしまいます。


車も同じで、新車を購入する場合、富裕層の人たちは値段の下がらない車を選びます。

では、同じような価格帯のベンツ、BMW、アウディ、レクサスといった高級車があったとしたら、富裕層の人たちはどのメーカーの車を選ぶと思いますか？

デザインなどの好みを別にすれば、正解は「ほとんど値引きをしないメーカーの車」です。

なぜなら、値引きをしないメーカーの車は中古車市場の価格が落ちないため、売却する際、高い値段で売ることができるからです。

このように、富裕層の人たちは、高額なものはできるだけ値崩れしないものを購入する傾向にあるのです。

逆に、洋服などの消耗品にはお金をかけません。ユニクロの洋服を着ている富裕層の人たちはたくさんいます。

これが富裕層の人たちのお金の使い方なのです。

⑦「投機」と「投資」と「資産形成」の違いとは？

先ほどお金の使い方は「消費」「浪費」「投資」の3つに分けられるという話をしました。そして、「投資」とはリターンが見込まれる支出であり、そういう意味では「資産形成」も投資と言えると書きました。

しかし、厳密に言うと、「投資」と「資産形成」は違います。

さらに、「投資」と「投機」も違います。

これらを混同してしまうと、前にも書いたように、お金を増やそうとして株に「投資」をして失敗し、逆にお金を減らしてしまっている人たちがたくさんいます。

そこで、「投機」と「投資」と「資産形成」の違いについて、わかりやすいように野球にたとえて詳しく説明しておきたいと思います。

まず「投機」ですが、これは辞書によると「偶然の利益をねらって行う行為」

となっています。

野球でたとえると、外野スタンドの広告看板に打球をぶつけるようなものです。これはなかなか当たりません。プロ野球選手でも100回打って1回当たればいい方かもしれません。それくらい低い確率のものが投機なのです。

うまくいく確率は、10％以下でしょう。


これに対して「投資」は、辞書によると「利益を得る目的で、事業・不動産・証券などに資金を投下すること」となっています。

野球でたとえると、センター方向に狙い打つようなものです。

たまにライト方向やレフト方向に逸れるかもしれませんが、ざっくりと「センター方向」ということであれば、打てる可能性が高いといえるでしょう。

うまくいく確率は投機よりは高いですが、それでも50％前後です。


最後に「資産形成」ですが、資産とは前述したように「お金を産み出すもの」で、それを作っていくのが「資産形成」ということになります。

野球でたとえると、とりあえず試合に出てバッターボックスに立つようなものです。打たなくてもいいので、毎回打席に立ち続ければいいのです。つまり、それだけ簡単だということです。

確率でいえば、99%でしょう。

ところが、多くの日本人は、「投機」と「投資」と「資産形成」の違いがわかっていないため、資産形成のつもりで投機や投資を行って損をしているか（一時的に儲かっている人もいますが……）、逆に「投資は怖い」と思って、ただ銀行にお金を預けているだけのどちらかなのです。

これでは資産を増やすことはできません。

今の時代、銀行に預けているだけではお金は増えませんが、かといって、いきなり難易度の高い「投機」に手を出してしまうと、それこそ失敗して資産を減らしてしまうことにもなりかねません。

だからこそ、私たちはまず「資産＝お金を産み出してくれるもの」にお金を使うことから始めることをおすすめしているのです。

「投機」と「投資」と「資産形成」の関係をわかりやすく説明すると、三段重ねのウエディングケーキに似ています。

一番下の土台の部分に当たるのが、「資産形成」で、真ん中が「投資」、そして一番上が「投機」です。

なぜこの順番かというと、資産形成はローリスク・ローリターンで、投資はミドルリスク・ミドルリターン、投機はハイリスク・ハイリターンだからです。

今回、この本であなたにお伝えしたいのは、ウエディングケーキの土台に相当するローリスク・ローリターンの「資産形成」です。

あなたが幸せな人生を送るために大事なのは、まずは土台作りです。

この土台をしっかり構築せずに、「投機」や「投資」を始めてしまうと、土台が崩れてしまう可能性があります。

このように順番が大事なのです。

投機と投資と資産形成の関係

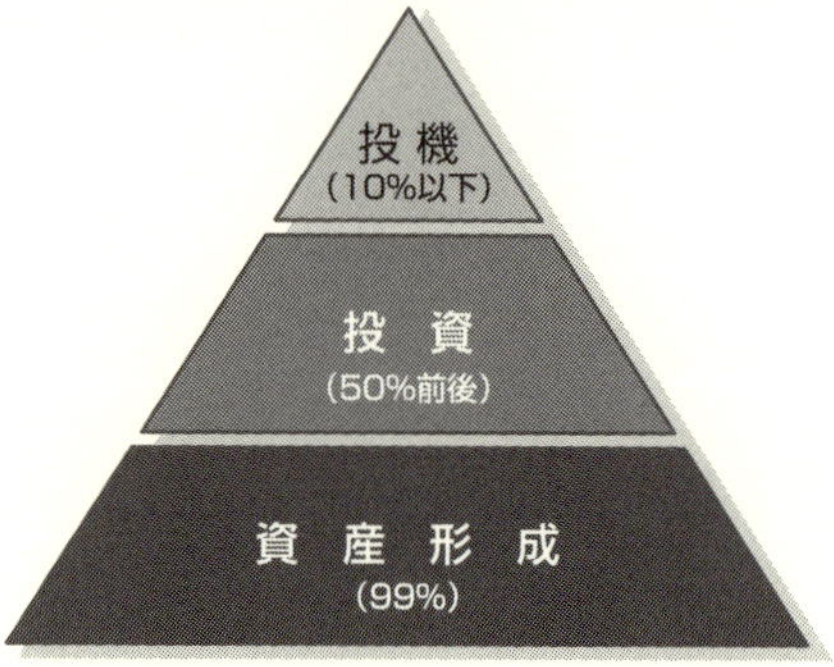

⑧ 資産形成は「ほったらかし」でOK！

では、「投機」「投資」「資産形成」とは、それぞれ具体的にはどのようなものなのでしょうか。

大雑把に分けると、だいたい次のようなものが該当します。

【投機】

・株
・FX
・先物取引
・仮想通貨
・不動産（地方の一棟マンション）
・宝くじ
・ギャンブル……など

投機の特徴は、マネジメントができないことです。

外的要因に左右されることが多いため、自分の力ではどうすることもできないのが投機です。

儲かるかどうかは、まさに「運」次第といえるでしょう。


【投資】

・株（ＩＰＯ＝新規公開株、安定株）
・投資信託
・債権
・準先進国の通貨（ニュージーランドなど）
・不動産（ファミリーマンション）
・コインランドリー
・コインロッカー
・自動販売機……など

投資の特徴としては、マネジメントが必要なことです。

たとえば、株の場合は銘柄を選んだり、売るタイミングを考えたり、不動産の場合は空室対策をしたりといったマネジメントが必要になります。

したがって、投資で成功するためには、それなりに勉強したり、研究したり、情報を仕入れたりしなければいけないのです。

それができれば、利益を出し続けることも可能でしょうが、他人任せでは利益を出し続けるのは難しいといえるでしょう。

【資産形成】

・先進国の通貨
・金
・積立型の保険
・レバレッジ貯金……など

資産形成の特徴は、購入したらあとは「ほったらかし」でOKなことです。

「投機」「投資」「資産形成」の具体例

投 機	株、FX、先物取引、仮想通貨、不動産（地方の一棟マンション）、宝くじ、ギャンブル……など
投 資	株（IPO＝新規公開株、安定株）、投資信託、債権、準先進国の通貨（ニュージーランドなど）、不動産（ファミリーマンション）、コインランドリー、コインロッカー、自動販売機……など
資産形成	先進国の通貨、金、積立型の保険、レバレッジ貯金……など

また、外的要因に左右されることはなく、マネジメントも必要ありません。

したがって、日本人に最も合った投資法であり、これをポートフォリオ（分散投資）の中心に据えることが重要なのです。

◆コラム①◆

日本にお金の授業がない理由

アメリカの学校には「投資の授業」というのがあり、子供たちは小学生のときから資産形成について学んでいます。

新聞や雑誌の資料を見ながら、投資についてクラス全員で議論したり、キャッシュフローゲームを使って資産形成の方法を学んだりしています。

ですから、アメリカ人は小さいときからお金に対してバリアフリーになっていて、お金を増やすことが当たり前になっているのです。

ところが、日本の学校には、お金の授業がありません。その理由は、日本の国策が裏にあるのではないかと考えています。

日本には江戸時代から、お金を使わずに貯めることを奨励している歴史があります。とにかく、お金を貯めさせたいのです。理由は海外に資産を移させたくないからです。

じつは「アメリカの国策としても日本に貯金をさせたい」のです。

あなたは、「日本はアメリカの貯金箱になっている」という現実を知っていますか？

じつは、アメリカは日本から大量にお金を借りています。アメリカ国債を日本政府に買わせているのです。

その額はなんと毎年１４６兆円。つまり、日本はアメリカの貯金箱と言っても過言ではないのです！

さらに、あなたは日本人が利回りの低い日本の保険にしか入れず、利回りの高い外国の保険に入れないことを知っていますか？

保険業法１８６条で禁止されているのです。

なぜ、禁止されているかというと、日本の大手保険会社は日本国の国債を大量に買っているので、その保険会社を守るためには、海外の保険に入られるとマズイからです。

この政策の裏側にあるのは、「日本の保険会社は日本の国債を買わないと、保険業として認められない」という驚愕の真実です。

つまり、政府と保険会社は持ちつ持たれつの関係というわけです。

このような状況の中で、日本人がお金の知識を高めていくと、国としては不都合がどんどん生じていくことになります。

だから、日本の学校にはお金の授業がない……。

これが最大の理由だと思っています。

しかし、時代はグローバル化し、お人好しの日本人にも、お金の知識と意識が高まりつつあります。

「お金の真実」は、もはや隠しておけない時代になりました。

お金に関する情報を手に入れようと思えば、いくらでも手に入れられる時代です。

そんな時代に、タンス貯金をしている人や、銀行に預けているだけの人は、どんどん時代から取り残されていくに違いありません。
そうならないためにも、私たちはお金の本質について学ばなければいけないのです。

第2章

なぜ今、資産形成が必要なのか?

～年金だけでは破産する!?
「人生100年時代」がやってくる!～

① 年金だけでは豊かな老後は期待できない

第1章では、「資産形成とは何か？」ということについて説明してきました。

そして、最初にやるべきなのは投資や投機ではなく、資産形成であると書きました。

では、なぜ今、資産形成が必要なのでしょうか？

その理由はいくつかありますが、いちばん大きな理由は、「老後のため」ということになります。

これまでの日本人は、会社や国に守られていました。

会社は終身雇用で退職するまで給料がもらえ、定年退職時には退職金がもらえ、定年退職後は年金がもらえるという、まさに至れり尽くせりの環境だったのです。

ですから、お金の心配をする必要はありませんでした。

しかし近年、終身雇用制度は崩壊し、一生同じ会社に勤め続けることが難しい時代になり、それに伴い、もらえる退職金の額も少なくなりました。また、年金の支給額も減り、さらに支給年齢も引き上げられ、老後を年金だけで生活していくことは難しくなりつつあります。

実際、政府もこのままでは国民を守りきれないということで、「自分の老後は自分で守ってください」という政策をどんどん打ち出し始めているのです。

その代表例が「ＮＩＳＡ（ニーサ）」と「ｉＤｅＣｏ（イデコ）」でしょう。

ＮＩＳＡは少額投資非課税制度のことで、年間１２０万円までなら、本来なら20％かかる株式や投資信託の売却益と配当への課税を非課税にするという制度です。

つまり、年間１２０万円までは非課税にするので、投資をしてお金を増やしてくださいということです。

ｉＤｅＣｏは個人型確定拠出年金のことで、老後資金を自分で作るための制度です。

具体的には、60歳までの間に毎月一定の金額（掛け金）を出し、その掛け金で投資信託や定期預金、保険などの金融商品を選んで運用し、60歳以降に運用した資産を受け取るというものです。

要するに、公的年金が少なくなった分を補てんするために、自分で年金を作ってくださいということなのです。


ただし、どちらも「自己責任で」という条件付きです。

また、ＮＩＳＡもｉＤｅＣｏも元本が保証されているわけではありませんので、お金を増やすつもりで株式投資をしたのにお金が減ってしまったとか、年金を作ろうと思って長年積み立てたのに思ったほど増えなかったといったことが起こりうるわけです。

したがって、これからの時代は、日本人も老後の生活を見据えた資産形成をしておかなければ、自分の老後が守れない時代に突入しているといっても過言ではないでしょう。

②「人生100年時代」がやってくる！

資産形成をしなければいけない理由は、平均寿命の延びにも関係があります。厚生労働省の発表によると、2017年の日本人の平均寿命は男性が81・09歳、女性が87・26歳ですが、日本人の平均寿命は毎年延びており、平成生まれの子供たちの平均寿命は100歳に達するだろうと言われています。近い将来、人生100年時代がやってくるのです。

長生きできるということは、とても喜ばしいことではあります。しかし、前述したように年金がどうなるのかわからない今、寿命が延びるのはうれしいけれど、心配なのはやはりお金のことでしょう。

これまで老後に必要なお金は、3000万円とも4000万円とも言われてきました。

しかし、これは年金が今と同じ水準だけもらえると仮定したときの話で、将来、年金の支給額が減るとすれば、老後に必要なお金はもっと多くなります。

しかも、定年を65歳や70歳に延長しようという動きがあるものの、一般の会社の多くはまだ定年は60歳なので、100歳まで生きるとすると、その後の平均余命は40年もあるということになるのです。


40年もの第二の人生を、豊かに暮らしていくためには、いったいいくらのお金が必要になるのでしょうか？

詳しいシミュレーションは後ほど行うとして、ざっくり言うと1億円から2億円のお金が必要になるのです。


ちなみに、この1億円という数字は、60歳で定年退職し、90歳まで生きると仮定した場合、定年後の30年間にかかるお金として、みずほ銀行や三菱ＵＦＪ銀行、大手保険会社などが算定した金額です。

脅かすつもりはありませんが、これが現実なのです。

③ 自分でエサを獲りに行かなければいけない時代

これまでの日本人は、会社や国からエサ（退職金や年金）を与えられていました。ですから、わざわざ洞穴から出て、危険を冒して狩りをしなくても、老後も生きていくことができました。

しかし、時代が変わり、今後は国がエサを与え続けてくれるかどうかわからない時代です。

したがって、生きていくためには、洞穴から出て、自分たちで狩りをしてエサを獲らなければいけないのです。

ところが、「まだ少し蓄えがあるから」とか「まだみんな狩りに出かけていないから大丈夫だろう」といった理由で、洞穴の中でのんびり構えている人たちが圧倒的に多いのです。

また、狩りに行ってはみたものの、狩りの仕方がわからなかったために獲物が獲れず、逆にけがをしてしまったために、「狩りは怖い（投資は怖い）」と思って狩りをするのをやめてしまった人たちもいます。

このような人たちは、外のエサがどんどん減っていることに気づいていません。実際には、いち早く狩りを始めた人たちがどんどんエサを獲ってしまっているのです。

このままでは、この人たちにエサを獲り尽くされてしまうかもしれません。

したがって、そうなる前に、あなたもエサを獲りに行かなければいけないのです。

④貯金を目減りさせるインフレ政策

２０１２年に発足した第２次安倍内閣が実施している経済政策（アベノミクス）の一つに、インフレターゲットがあります。

インフレターゲットとは、「中央銀行がインフレ目標を明示し、その達成を優先する金融政策」のことです。

安倍政権はこのインフレターゲットの達成を日本銀行に要請。これを受けて、日本銀行は２％の目標を掲げ、それに向けて通貨供給量の拡大などの対策が実施されています。

２％のインフレということは、物価を２％上げるということです。

物価が上がれば、モノの値段が上がるので、企業は儲かります。すると、従業員の給料が増え、人々が消費するようになるので、景気対策として有効だということです。

もちろん、インフレにはこのような景気対策としての側面もあります。

しかし、物価が2%上がるということは、お金の価値が2%下がるということです。たとえば、これまで1万円で買えていたものが、1万200円出さないと買えなくなるということです。

つまり、インフレになるということは、それだけ貯金が目減りするということであり、政府は「みなさんの貯金を目減りさせますよ」と、堂々と宣言しているというわけです。

したがって、このような時代に、金利のつかないタンス貯金や、低金利の銀行預金だけでは、資産がどんどん目減りしていくだけです。

ですから、大切なお金を目減りさせないためには、預貯金だけではダメだということで、何らかの対策が必要だということです。

⑤ 将来の不安が解消されると、今を楽しめるようになる

少し暗い話になってしまいましたが、じつは今から資産形成を始めることによって良いこともあります。

それは、資産形成をするにあたって、自分の老後を「見える化」できるということです。

おそらく、今のあなたは「老後の生活にいくらのお金がかかるのか?」、「年金がいくらもらえるのか?」といったことがわからず、不安で仕方がないのではありませんか?

世の中には、あなたと同じように自分の老後のことをすごく心配している人がたくさんいます。

そのため、若いうちから老後に備えて、できるだけ無駄遣いをしないようにして、つつましい生活をしながら、1円でも多く貯金することに一生懸命になって

いる人も多いのです。

しかし、自分の老後が見えれば、そのような漠然とした不安は解消されます。なぜなら、老後のために今、何をすべきかがわかるからです。

資産形成のために、具体的に「何に」「いくら」使えばいいのかがわかれば、それ以外のお金は自由に使えるようになります。

そうなると、今の生活を楽しめるようになるのです。

たとえば、これまでお金を稼ぐために好きでもない仕事を我慢してやってきたとしたら、資産形成のためのお金が確保できるなら、たとえ給料が下がっても好きな仕事に転職してもいいわけです。

また、若いときにしかできない旅行に行くのもいいでしょう。どれだけのお金を確保しておけばいいかがわかれば、やりたいことを諦める必要がなくなるのです。

人生は一度きりですから、できればやりたいことをやりたいものです。

また、一寸先は闇ですから、やりたいことを先延ばしにすることなく、やりたいときにやれるのが理想です。

そのためにも、一日も早く資産形成を始めて、人生を楽しんでほしいというのが私たちの願いなのです。

◆コラム②◆

「一億総中流時代」は遠い昔の話

かつての日本には「一億総中流時代」と呼ばれた時代がありました。

これは内閣府が実施している「国民生活に関する世論調査」の結果に基づくもので、自らの生活程度を「中流」と答えた人の割合が、1960年代の半ばには8割を越え、1970年以降は約9割となったのです。

つまり、一億総中流意識は、高度経済成長の中で1960年代に国民全体に広がり、1970年代までに国民意識として定着したというわけです。

しかし、これは遠い昔の話。現代の日本は、「二極化」の方向へと静かに進行しているのです。

アメリカでは以前から「持っている人、持っていない人」「知っている人、知らない人」の二極化がはっきりしていましたし、最近は中国でもこのような二極化が進んでいます。

日本も小泉政権が「富裕層を作る」という政策を取って以来、すでに同様の二極化が始まっており、近い将来、アメリカや中国のような「持っている人、持っていない人」「知っている人、知らない人」がはっきりと分かれた二極化社会に突入することになるのです。

実際、不動産マーケットではかつて高級マンションの総称だった「億ション」という言葉が死語となり、今は2億～3億円出さなければ買えない時代になりました。にもかかわらず、2億～3億円の高級マンションが「即日完売」という状況が続いています。

これはまさに二極化が進み、日本でも富裕層が増えているということを物語っているといえるでしょう。

第3章

資産形成で気をつけなければいけないこと

～誰でもできる! 70点の資産形成～

①親の資産形成を真似すると失敗する

今や銀行にお金を預けてもほとんど利子がつかない超低金利時代です。

しかも、前述したように、政府がインフレ政策を取っていますので、物価上昇とともにお金の価値がどんどん下がっていく時代です。

このような時代に、資産を増やすのは、非常に難しいのが実情です。


だからといって、資産の増やし方を親に聞いてもわかりませんし、親がやってきたことを真似すると失敗することになります。

なぜなら、時代が違うからです。


たとえば、1955年からの高度経済成長の時代には、預金金利が8％くらいありましたので、ただ銀行や郵便局にお金を預けておくだけで、何もしなくてもお金が増えたのです。

しかし、今はほぼゼロ金利ですので、銀行や郵便局にお金を預けておくだけでは目減りするだけです。

また、1986年からのバブル景気の時代は、株や不動産を買えば、どのような銘柄でも、地方の物件でも、軒並み高騰しました。

しかし、その後、バブルの崩壊とともに暴落していますので、そこで大きく資産を減らした人も多かったと思います。

今後、バブルのようなことは日本では二度と起こらないと思いますので、この時代の投資法を真似ても資産形成はできないでしょう。

その後、日本はモノの値段が下がるデフレの時代を経て、現在はインフレおよびゼロ金利の時代になっています。

このような時代は、私たちの親は経験していません。

ですから、今の時代に合った資産形成の仕方を親に聞いても、親もわからないというのが実情でしょう。

日本人の多くはお金の勉強をしていませんが、じつは将来に強い危機感を抱き始めた一部の人たちが、すでにお金の勉強を始め、さらに将来に向けた資産形成や投資を始めているのです。

②100点満点の資産形成は無理だが、70点の資産形成なら誰でもできる

たとえば、100点満点の資産形成法（100%絶対に増える）があったとしたら、あなたは知りたいですか？

なかには「勉強するのが嫌だから知りたくない」という人もいるかもしれませんが、ほとんどの人は当然、知りたいと思うことでしょう。

なぜなら、「その通りにやれば、100%資産を増やせる」わけですからね。

では、これはどうでしょう？

100点満点の資産形成法を身につけるのに10年かかります。

一方、70点の資産形成法であれば、すぐに始めることができます。

さて、あなたは10年かけて100点満点の資産形成法を身につけてから資産形成を始めますか？　それとも、今すぐ70点の資産形成法を始めますか？


これについては、後者が正解です。

なぜなら、資産形成において時間はすごく貴重だからです。

たとえば、100万円を1年間で200万円にする資産形成法が100点満点の資産形成法だとしたら、そのような資産形成法は存在しないと言っても過言ではありません。

しかし、たとえ70点の資産形成法でも、じっくりと時間をかければ100万円を200万円に増やす方法はいくらでもあります。

一方、10年間、何もせずに100点満点の資産形成法を身につける勉強をしていた人は、10年後も100万円は100万円のままです。10年の間にインフレが起こっていれば目減りします。

もちろん、10年かけて100点満点の資産運用法を身につけることができれば、10年目以降、巻き返しが可能かもしれませんが、10年で身につけられるとは限りませんし、10年後もその方法が通用するとも限りません。

だから、70点の資産形成法でもいいので、すぐに始めたほうがいいのです。

また、70点の資産形成法なら、それほど難しくはありませんので、誰でもできます。本書で紹介する「レバレッジ貯金」も、そんな70点の資産形成法の一つなのです。

③ 100点満点を狙うには最低1億円の資金が必要

時間をかければ100点満点の資産形成法を身につけることができるかもしれませんが、じつはお金があれば100点満点の資産運用をすることもできるのです。

「プライベートバンク」という言葉を聞いたことがあるでしょうか?

プライベートバンクはもともとスイスで発祥し、欧米で発展した金融機関で、一定額以上の資産を有する富裕層の顧客を対象に、総合的に資産管理や資産運用のサービスを提供する金融機関です。

日本にもプライベートバンクは存在しており、三菱UFJモルガン・スタンレーPB証券や、UBS銀行、クレディ・スイス銀行、SMBC信託銀行などが有名です。

プライベートバンクの特徴は、富裕層顧客一人ひとりに担当者がついて、その顧客のためにカスタマイズされたプレミアムな金融商品やサービスを提供していることです。

当然、利回りも高く、まさに100点満点の資産運用といえるのです。

このようなプライベートバンクで高利回りの資産運用をしてもらうためには、それ相応の金融資産が必要となります。

最低でも1億円は必要でしょう。銀行によっては、5億円以上や10億円以上というところもあります。

しかし、このような高額な資産がなかったとしても諦める必要はありません。70点のやり方でも、早く始めて、時間をかけて資産形成をしていけば、老後を安心して暮らせるだけの資産を築くことはできるのです。

④お金を一つに集中させるのは危険！

資産形成をしていくうえで、絶対に忘れてはいけない大事な考え方があります。投資の世界では常識とされていることですが、それは「ポートフォリオ」という考え方です。

ポートフォリオとは、日本語では「分散投資」と訳されることが多いわけですが、なぜ分散することが大事なのかというと、1つの資産だけにお金を集中させておくことは、リスクが大きいからです。

では、どのようなリスクがあるのでしょうか？

1つ目は、価格の変動リスクです。

たとえば、株やFXのように相場の値動きのある金融商品だけにお金を集中しておくと、大きく儲かることもある反面、大きな損をすることもあります。

前述の「投機」「投資」「資産形成」の分類でいうと、投機と投資に分類したものがこれに該当します。

したがって、資産形成を行う場合は、このような価格変動の大きな金融商品は避けるべきなのです。


2つ目は、時代の変化によるリスクです。

資産形成は短期間でできるものではありません。時間をかけて作っていくものです。

その間には、国の政策が変わったり、法律が変わったりすることもあり、その影響でうまくいかなくなることがあります。

ですから、金融商品にしても、ビジネスにしても、できるだけ安定したものを選ぶ必要があるのです。


3つ目は、インフレのリスクです。

前述したように、現在、日本政府によって2%のインフレ政策がとられていますが、インフレになるということは、モノの値段が上がり、お金の価値が下がるということです。
つまり、タンス貯金や銀行預金だけにお金を集中させていては、せっかく貯めたお金が目減りしてしまって、インフレリスクには対応できないということになります。

4つ目は、デノミのリスクです。
前述の2%のインフレならまだしも、ハイパーインフレが起こって、モノの値段が100倍、1000倍になったとしたら、あなたの持っている現金の価値は100分の1、1000分の1に激減してしまうことになります。

このようなハイパーインフレが起こると、デノミネーション(デノミ)が行われます。デノミとは通貨単位を切り下げることで、たとえば1万円の単位を100分の1に切り下げ、新100円にするといったことです。同時に、新紙幣が発行されることが一般的です。

実際、このようなデノミは世界の国々で過去に何度も行われています。

たとえば、1993年にはウルグアイが「ウルグアイ・ペソ」を発行し、1000分の1のデノミを実施していますし、2005年にはトルコが「新トルコリラ」を発行し、事実上の100万分の1のデノミを行っています。

また、2008年にはジンバブエがなんと100億分の1のデノミを実施。さらに直近では、2018年にベネズエラが10万分の1のデノミを実施しています。

このように、デノミは決して珍しいことではないのです。

資産形成にはこのようなリスクが存在していますので、それを回避するためにも、大切なお金をいろいろなものに分散する必要があるのです。

具体的に何に分散するのがいいのかということについては後ほど述べるとして、次章では理想的な老後についてシミュレーションしてみましょう。

◆コラム③◆

給料を円でもらっている人は、円に投資している

あなたは「投資は怖い」と思っていませんか？

じつは、「変動リスク」のあるものは、すべて投資といっても過言ではないのです。

たとえば、会社員の人たちは、当たり前のように「円」で給料をもらっていますが、じつはこれも投資です。

多くの人は「投資をしている」という感覚はないと思いますが、じつは給料を「円」でもらうということは、「円に投資している」ということなのです。

なぜなら、為替相場を見ればわかるように、円の価値は日々変動しているからです。

日本に住んで、日本で生活していると、円の価値が変動していることを感じるこ

とは、ほとんどないと思います。

しかし、海外旅行をした経験のある人なら、円をドルなどに替えたときに、円の価値の変動を実感したことがあるでしょう。

たとえば、「出国するときは1ドル110円だったのに、帰国したときは1ドル105円になっていた」といったことです。

ちなみに、外国企業の中には、給料をもらう通貨を選べるところもあるようです。

もちろん、円にはこのような為替の変動リスクだけでなく、前述したようなインフレやデノミによる変動リスクもありますので、円だけしか持っていないことは、じつはリスクなのです。

第4章

あなたの老後をシミュレーションしてみよう

～一人の老後に毎月45万円が必要!?～

①人生100年時代をどう生きたいか？

あなたは定年後の人生を考えたことがありますか？
おそらく多くの人が「まだまだ先のこと」という感覚で、定年後の生活を真剣に考えたことのある人は少ないのではないでしょうか。

前にも書いたように、厚生労働省の発表によると、2017年の日本人の平均寿命は男性が81・09歳、女性が87・26歳ですが、日本人の平均寿命は男女ともに年々延び続けています。そして、平成生まれの子供たちの平均寿命は100歳に達するだろうと言われているのです。
ということは、60歳で定年を迎えたとすると、第2の人生はあと40年間もあるということです。

その40年間を生きていくためには、当然お金がかかるわけですが、この第2の人生を豊かに暮らしたいのか、そうではないのかによって、必要なお金の額も変わってくることになります。

では、豊かな生活をするためには、いくらのお金があればいいのか?

独身者の場合と既婚者の場合に分けて、老後の生活をシミュレーションしてみることにしましょう。

② 独身者が豊かな老後を楽しむために必要な金額は毎月45万円

まずは独身者の豊かな老後から見ていきましょう。

60歳といえばまだまだ健康で元気です。

たとえば趣味がゴルフだった場合は、毎週ゴルフに行きたいところです。

お酒が好きな人であれば、友人たちと飲みに行きたいですよね。

旅行が趣味の人は、友人と温泉旅行に行ったり、海外旅行に行ったりしたいでしょう。

オンラインゲームが好きな人は、課金してでも楽しみたいですよね。

ほかに、フィギュアや時計をコレクションしたり、車を改造したりといった趣味がある人は、その趣味を続けたいですよね。

定年で会社を辞めて収入がなくなったからといって、切り詰めた生活をしてつつましく暮らしていくよりも、できればそれまで時間の制約があったためにできなかったことを、思う存分楽しみたいというのが本音でしょう。

では、このような豊かな暮らしをするためには、いったい毎月いくらのお金が必要なのでしょうか？

独身者の場合、食費や水道光熱費などの生活費が20万円必要だとすると、それ以外にあと25万円、合計45万円あれば、先ほどのような豊かな生活ができるでしょう。

この45万円のうち、年金が毎月10万円ずつもらえると仮定すると、自力でなんとかしなければいけないのは35万円です。

年金については、支給額や支給開始年齢がどうなるかわかりませんが、60歳からもらい始めたとすると、平均10万円くらいはあるだろうということで計算しています。

さらに、定年退職時に会社からもらえる退職金があります。

退職金については、給料や退職時の役職、勤続年数などによって大きく変わってきます。特に、最近は転職が当たり前の時代になっていますので、1つの会社での勤続年数が短くなる傾向があり、それに伴って退職金の額も減る傾向にあります。

かつて終身雇用の時代には退職金は2～3000万円が当たり前でしたが、転職時代の今は平均1000万円くらいと思っておいたほうが無難でしょう。

そして、この1000万円を老後の資金に充てるとすると、先ほどのような豊かな生活を40年間続けていくために必要なお金の総額は次のようになります。

（35万円×12か月×40年間）－1000万円＝1億5800万円

では、この1億5800万円を「貯金」だけで貯めようとすると、いったい毎月いくらずつ貯金をしていかなければいけないのでしょうか？

25歳から60歳までの35年間、毎月貯金したとすると、毎月必要な貯金額は次のようになります、

1億5800万円÷35年間÷12か月＝37・6万円

ということで、豊かな老後生活を送るためには、給料の中から毎月37・6万円ずつ貯金していかなければいけないのです。

③既婚者が豊かな老後を送るために必要な金額は毎月55万円

続いては既婚者の豊かな老後についてです。

既婚者の場合は、奥さんがいて、子供がいて、孫もいることでしょう。

そうなると、奥さんや子供たちと一緒に旅行に行ったり、月に何度かは家族で食事に行ったりしたいですよね。

また、孫にお小遣いをあげたり、誕生日プレゼントを買ってあげたり、孫の教育費を出してあげたりもしたいでしょう。

さらには、独身者と同じとまではいかないかもしれませんが、少しは自分の趣味も楽しみたいと思います。

既婚者がこのような豊かな暮らしをするために、毎月いくらのお金が必要かというと、食費や水道光熱費などの生活費が25万円必要だとすると、それ以外にあと30万円、合計55万円くらいは必要でしょう。

独身者と同様、年金が毎月10万円ずつもらえると仮定すると、自力でなんとかしなければいけないのは45万円です。

さらに、退職金も同額の1000万円と仮定すれば、既婚者が先ほどのような豊かな生活を40年間続けるために必要なお金の総額は次のようになります。

（45万円×12か月×40年間）－1000万円＝2億6000万円

そして、この2億6000万円を「貯金」だけで貯めようとすると、25歳から60歳までの35年間、毎月必要な貯金額は次のようになります、

2億6000万円÷35年間÷12か月＝49万円

つまり、毎月の給料の中から毎月49万円ずつ貯金していかなければいけないというわけです。

④ 貯金よりも効率よく老後資金を確保する方法があった！

独身者の人も既婚者の人も、先ほどの貯金額を見て、「絶対ムリ！」と思った人も多いのではないでしょうか。

独身者の場合、毎月の貯金額は37・6万円ですから、年間で451万円の貯金が必要になります。

同様に既婚者の場合も、毎月の貯金額は49万円なので、年間で588万円の貯金が必要になります。

ボーナスを入れたとしても、これだけの金額を毎年貯金し続けていくのは難しい、というより不可能に近い数字でしょう。

つまり、普通に貯金をしているだけでは、老後の生活費の問題を解決するのは無理だというわけです。

だとしたら、私たちは豊かな老後生活を諦めなければいけないのでしょうか？

いいえ、そんなことはありません。

じつは、前述したような37・6万円や49万円といった高額な貯金をしなくても、もっと少ない金額で、豊かな老後生活を送れるだけの資金を確保できる方法があったのです。

それが「レバレッジ貯金」を組み込んだ資産形成のポートフォリオです。

では、具体的に「何に」「いくらずつ」投資していけばいいのでしょうか？

これについては次章でご説明します。

◆コラム④◆

クレジットカードを使うことも、じつは投資

あなたはクレジットカードでモノを買ったことがありますか？

もしかすると、ポイントを貯めるために、できるだけクレジットカードで払うようにしているという人も多いかもしれませんね。

そこまでいかないにしても、クレジットカードなら手元に現金がなくてもモノを購入することができますし、購入した時点で銀行口座にお金がなくても、引き落とし日までに口座にお金を入れておけばいいので、使い方によっては便利なものといえます。

ただ、クレジットカードで何かを買うことも、じつは投資です。

なぜなら、今クレジットカードで購入した１００円のものが、１カ月後の引き落

とし日に90円に値下がりしていたとしたら、引き落とし日に90円で買えたものを100円で買ってしまったことになるからです。

1か月のタイムラグくらいたいしたことはないと思う人もいるかもしれませんが、株や為替相場の世界では1か月あれば大きく値段が動くことがあります。

また、クレジットカードの分割払いやリボ払いを利用している人も多いと思いますが、これらは当然のことながら金利がつきますので、一括払いで支払うよりも多く払わなければいけません。

さらに、キャッシングやカードローンを利用すると、これまた高い金利がつきます。

このようにクレジットカードには便利な機能がたくさんありますので、何気なく使ってしまいがちですが、よく考えて使わないと知らず知らずのうちにお金が目減りしてしまうことになるのです。

第5章

資産形成のポートフォリオを組もう

～「資を確実に産む」ものに投資することが重要～

①ポートフォリオにもいろんなパターンがある

ポートフォリオ（分散投資）という言葉は、あなたもこれまでどこかで聞いたことがあると思いますが、じつはポートフォリオといっても、いろんなパターンがあります。

たとえば、証券会社が提案してくるポートフォリオは、当然、全体の中で株の占める割合が高くなりがちです。

なかには、「配当を目的とした一流企業の株」「値上がりが期待できる株」「日経平均」というように、株だけで構成されたポートフォリオを提案されるケースもあるでしょう。

また、証券会社と保険会社と銀行では、提案するポートフォリオの内容が違いますし、割合も違います。

つまり、ポートフォリオのパターンというのは一つではなく、さまざまなパターンがあるということです。

さらに、分散の仕方はその人の資産状況や目的によっても違ってきますので、ポートフォリオに正解はないのです。

また、一般的なポートフォリオは、リスクを分散させることで、資産を保全することが目的となっていることがほとんどです。

たとえば、株なら株だけというように、一つの金融商品だけに投資をしていると、株価が暴落したときに、資産の目減りが非常に大きくなってしまいます。したがって、そういう事態を回避するために、いくつかの金融商品に分散させておきましょうというわけです。

しかし、このような考え方のポートフォリオでは、資産の保全はできても、資産を増やすことはできません。

そこで、私たちが提案したいのが、資産を増やすためのポートフォリオなのです。これを「資産形成のポートフォリオ」と呼んでいます。

すでに老後を悠々自適に暮らしていけるだけの資産がある人は、資産の保全を目的としたポートフォリオでいいと思います。

しかし、これといった資産を持っていない若い人たちは、これから資産をつくっていかなければなりません。

そのときに、資産の保全を目的としたポートフォリオを組んでしまうと、資産を守ることはできても資産を増やすことはできないという事態になってしまいます。

したがって、そんな事態にならないためにも、ポートフォリオを組む場合は、「何に」「どんな割合で」「いくら」投資するかが非常に重要になってくるのです。

②「資を確実に産む」ものにお金を使うことが重要

資産形成とは「お金を産んでくれる財産をつくること」です。

では、「お金を産んでくれる財産」とは、何なのでしょうか？

一番わかりやすいのが、不動産でしょう。土地や建物を持っていれば、それを誰かに貸すことで地代や家賃が入ってきます。

地代や家賃は、自分が何もしなくてもお金が入ってきますので、一見すると「不労所得」に見えます。

しかし、不動産にも一棟不動産のように建物管理や賃貸管理を自らがマネジメントする必要があるものもありますので、本当に「不労所得」と呼べるものは、じつはごく一部なのです。

ほかにも、資を産むものとしては、前述したようにコインランドリーやコインロッカー、自動販売機などがあります。これらも、ほぼ「放ったらかし」でお金が入ってきますので、一見すると「不労所得」に見えます。

しかし、これらも全くのほったらかしでいいわけではありません。場所探しや、収支の計画、集金、商品の補充、機械のメンテナンスといった業務が必要になります。

さらに、利用者が多く、儲かっているときはいいですが、それが将来何年も続くとは限りません。赤字が続けば対策を講じる必要も出てきます。つまり、将来も同じだけのお金を産み出し続けることができる「再現性のあるもの」とは言えないわけです。

したがって、儲からなくなった場合のリスクは大きいと言えるでしょう。

資産形成のポートフォリオを考えた場合、いくら「資を産む」ものであったとしても、リスクの大きなものを組み入れるべきではありません。

「資を確実に産む」ものでなければ、資産形成のポートフォリオに組み入れてはいけないのです。

③ 本当に「不労所得」と呼べるものとは？

不労所得とは、「労働しないで得る所得」のことです。

しかし、不労所得だと思われがちなものの中には、そうではないものも多数存在しています。

最近では、「不労所得が得られる」とか「権利収入が入り続ける」と謳って、高額なものを販売している会社がたくさんあります。

そして、そんな誘い文句に飛びついてしまう人もたくさんいます。

私たちはこれを「不労所得商法」と呼んでいますが、こうしたものの中には、蓋を開けてみると、不労とは全く言えないものが数多くあります。

では、不労所得と思われがちなものには、どのようなものがあるのか？

そして、それらは本当に不労所得と呼べるものなのか？

これについて検証していきたいと思います。

ちなみに、検証するにあたって重視するのは「再現性」です。

再現性については2つの側面があります。

1つは「誰がやっても同じ結果が得られるものなのか？」ということで、もう1つは「将来もずっと同じ結果を得続けられるものなのか？」ということです。

この「今の再現性」と「未来の再現性」の2つを満たすものでなければ、資産形成のポートフォリオに組み入れてはいけないのです。

まず、不労所得と思われがちなものには、次のようなものがあります。

①一棟マンション（アパート）
②太陽光発電
③ＭＬＭ（マルチレベルマーケティング）
④アフィリエイト
⑤ＦＸ自動売買ツール

⑥投資信託（毎月分配型）
⑦ラップ口座
⑧転売ビジネス

これらは本当に不労所得と呼べるのか、すなわち再現性があるのか、順に説明していきましょう。

①一棟マンション（アパート）

一棟マンション経営については、マンションの共用スペースの修理や、防水工事、設備の点検など、細かな維持管理業務が必要になります。これらの業務を管理会社に委託することもできますが、別途費用が必要です。また、管理会社の監視もオーナーは必要です。

さらに、空室が出ないようにするための対策や勉強も必要になりますので、決して不労所得と呼べるものではないのです。長期間成功している大家さんは100人に1人と言われています。

②太陽光発電

2012年に固定価格買取制度が施行されて以来、太陽光発電ビジネスが爆発的に増加したわけですが、数年たった今、さまざまな問題が噴出しています。

その際たるものが買取価格の引き下げです。当初1kw／時あたり40円だった買取価格（企業向け）は年々引き下げられ、5年目の2016年度には24円まで引き下げられたのです（40％減）。

しかも、九州電力のように1カ月間買い取りを行わない電力会社も出てきており、ビジネスモデルが大きく崩れてしまっているのが実情なのです。また、パネルを処分するときに産廃扱いになるため処分費用が明確でないこと、そもそも固定買取のためインフレ連動していないこともリスクとして考えられます。

これは、もはや再現性は限りなくゼロに近いと言っても過言ではないでしょう。

③MLM（マルチレベルマーケティング）

MLMとは、ネットワークビジネスやマルチ商法と呼ばれるもので、自分が商品を紹介した人が商品を購入すれば、自分に紹介料が入ってくるというビジネスモデルです。

ＭＬＭは不労所得を得たいと思う人が興味を持つビジネスの一つですが、実際にＭＬＭで収入を得続けようと思うとかなりの労力が必要になります。

たとえば、新しいメンバーを勧誘するためにはスカウト行為やセミナー、個別面談等が必要になりますし、メンバーが集ってもチームを活性化させるためには交流会や懇親会を定期的に行わなければなりません。常に動き続ける必要があります。

したがって、ＭＬＭは再現性があるかどうかの前に、そもそもほったらかしでお金が入ってくる不労所得にはなりえないビジネスモデルなのです。

④アフィリエイト

アフィリエイトとは、自分のＷＥＢサイトやメールマガジンなどに企業サイトへのリンクを張り、閲覧者がそのリンクを経由して商品を買ったりすると、その企業から報酬が支払われるという成果報酬型の広告システムです。

サラリーマンが副業で不労所得を得るためにやるケースが多いのですが、アフィリエイトは片手間でやって儲かるほど甘いものではありません。

何百という数の記事を作らなければいけませんし、検索エンジンのアルゴリズムが変われば、それに対応させなければなりません。また、メールマガジンで行う場合は、メールマガジンを書かなければいけませんので、かなりの手間がかかるのです。

さらに、その商品がずっと売れ続ける保証はありませんし、その企業がずっと存続する保証もありません。

したがって、アフィリエイトは手間がかかる点でも、再現性の点でも、不労所得とは呼べないのです。

⑤ＦＸ自動売買ツール

「必ず儲かる」、「絶対に損をしない」、「ほったらかしで月に50万円稼げる」、「ＦＸ初心者でもできる」といった宣伝文句で販売されているのが、ＦＸ自動売買ツールです。

要するに、口座にお金を入れておけばコンピュータシステムが自動で売買してくれ、ほったらかしで稼げるというツールなのですが、実際には稼げることはごくごく稀で、半年経っても勝てる月が一度もないというケースもあるようです。稼げるどころか、口座に入金した資金がゼロになるケースがほとんどです。

再現性は10％以下といっても過言ではないでしょう。

⑥投資信託（毎月分配型）

最近、退職後の人たちの間で人気なのが、毎月分配型の投資信託です。

これは文字通り「毎月」分配金がもらえる投資信託のことで、たとえば3000万円を預けると、毎月1％（30万円）が分配金として支払われるというものです。

これだけ聞くと、すごく良いものに思えるのですが、実際には分配金は運用益から出ているわけではなく、自分が支払った代金の一部が戻ってきているだけのケースがほとんどなのです。さらに、運用に失敗して元金が大きく減り、分配金が大幅に減るケースもあります。

これなら銀行に預けていたほうがマシだったという話なので、再現性うんぬんの話ではないと言えるでしょう。

投資信託は7割の人が損をしているというデータがありますが、その多くは毎月分配型が占めているのです。

⑦ラップ口座

ラップ口座とは、口座にお金を入れておけば証券会社や信託銀行などが、資金の運用から管理・売買・投資のアドバイスまで、すべてを一括で行ってくれるサービスのことです。

つまり、ほったらかしで資産運用ができるというわけです。

しかし、運用対象が一般の人でも買える金融商品であるため、自分で買ったときの手数料に加えて、ラップ口座のアドバイスの手数料が上乗せされるので、手数料が高くなるというデメリットがあります。さらに、元本保証ではないため、当然元本割れのリスクもあります。

したがって、ラップ口座にお金を預けておけばほったらかしで未来永劫、増え続けていくというものではありませんので、再現性は低いと言えるでしょう。

⑧転売ビジネス

転売ビジネスとは、海外のサイトなどで安く仕入れて、日本のオークションサイトなどで高く売って儲けるビジネスで、サラリーマンの副業として人気です。

しかし、この転売ビジネスも不労所得とは呼べません。なぜなら、商品の仕入れや売却に手間がかかりますし、売れたら商品を梱包して発送しなければいけませんので、それにもかなりの手間がかかります。

また、売れる商品がずっと仕入れられるとは限りませんし、売れ続けるとも限りませんので、再現性も怪しいのです。在庫を抱えるリスクもあります。

したがって、転売ビジネスも手間がかかる点でも、再現性の点でも、不労所得とは呼べないのです。

④ 理想的な資産形成のポートフォリオとは?

では、理想的な資産形成のポートフォリオとは、どのようなものなのでしょうか?

私たちがおすすめする理想的な資産形成のポートフォリオは、次の通りです。

①保険
②外貨
③金
④レバレッジ貯金

なぜ、この4つに分散させることをおすすめするのか?
そして、それぞれのジャンルの中でも何がおすすめなのか?
これらについて順に説明していくことにしましょう。

①保険（積立型変額保険）

ひとくちに保険といっても、いろいろな商品があるわけですが、資産形成のポートフォリオを組むにあたっておすすめしたいのは、「積立型変額保険」（海外の保険でも可）です。

積立型変額保険の「積立型」とは、一定期間、毎月一定額を積み立てていく「貯蓄性のある保険」のことで、「変額保険」とは、契約者が将来受け取る満期保険金（死亡保険金）や解約返戻金の額が、保険会社の運用実績によって増減する保険のことです。運用実績が悪いと元本割れすることもあります。

これに対して、契約時に決めた保険料の額が定まっている保険を「定額保険」と言います。

一見すると、リスクのある変額保険よりも、元本保証の定額保険のほうが良さそうな感じがするかもしれません。特に、日本人は「元本保証」が好きなので、定額保険のほうを選択しがちです。

しかし、私たちが変額保険をおすすめする理由は2つあります。

1つ目は、変額保険は金利の変化に対応しているからです。

超低金利時代の今、低金利のままで固定（定額）してしまうと、将来、世の中の金利が上昇した場合に対応できなくなってしまいますが、変額保険なら金利の上昇と連動しているので、金利が上昇しても損をすることはないのです。

2つ目は、変額保険はインフレに対応しているからです。

定額保険の場合は受け取る額が決まっているため、将来インフレになった場合、受け取る金額の価値が下がってしまうことになります。

現在、日本政府はインフレ2％を目標にしていますし、長期的に見れば今後はインフレ方向に進んでいくことはほぼ確実ですので、インフレに対応している変額保険がおすすめなのです。

②外貨（外貨積立）

外貨とは外国通貨のことで、毎月一定金額で外貨を購入していくのが外貨積立です。

日本の銀行のほとんどが外貨積立を行っていますので、日本に居ながらにして、簡単に外貨を購入することができます。

外貨積立をおすすめする理由は、日本の銀行に円で預けておくよりも、外国の銀行に預けたほうが金利が高いからです。特に、外貨積立定期預金であれば、円の普通預金の数倍クラスの金利になるケースも珍しくありません。

ただし、金利が高いからといって、新興国の通貨に外貨積立をすることは、おすすめできません。

なぜなら、インフレが起こっている新興国の場合は、為替差損が発生する「円高」になりやすいため、金利収入以上に為替差損で損を被ってしまうケースが多いからです。

また、外貨を持っていれば、日本でデノミが行われたり、預金封鎖が行われたりした場合も、外貨は影響を受けませんので、いざというときのリスクヘッジにもなります。

なお、日本の銀行で外貨積立を行うだけでなく、海外の銀行に口座を作り、そこに毎月一定額を預金していく方法もあります。

③金（純金積立）

金については、純金積立がおすすめです。

純金積立とは、毎月一定額のお金を積み立てて、少しずつ金を購入する金投資の手法の一つです。

証券会社をはじめ、田中貴金属工業や三菱マテリアルなど一部の貴金属販売会社で始めることができます。近年はネット銀行も参入してきているので、オンラインで始めることもできるようになりました。

なぜ、金がいいかというと、金は埋蔵量（供給量）が決まっているのに対して、ジュエリーだけでなく工業用の需要もあるため、今後値段が上昇することが考えられるからです。

また、金は「有事の金」と言われるように、金融市場が不安定になったときに資産の逃避先として選択されることが多い商品なので、何かあったときのために金を持っていれば安心です。

④レバレッジ貯金

「積立型変額保険」「外貨預金」「純金積立」の3つは、資産をつくるためのものというよりも、インフレやデノミなどのリスクからお金を守りつつ、かつローリスクでお金を増やすことができるものでした。

これに対して、レバレッジ貯金は資産をつくるためのものです。

レバレッジ貯金のしくみについては、次章で詳しく説明します。

⑤ 毎月どれだけ必要かによって分散比率は変わる！

では、先ほど紹介した資産形成のポートフォリオに、どのような割合で、毎月いくらずつ投資をしていけばいいのでしょうか？

これについては、老後いくら必要かによって、割合も金額も変わってきます。

たとえば、前章でシミュレーションした「独身者の理想の豊かな生活」を実現したいという場合、毎月10万円の年金以外に毎月35万円が必要でした。

そして、この35万円を貯金だけでまかなえるようにするためには、25歳から60歳までの35年間、毎月37・6万円ずつ貯金していかなければなりませんでした。

これに対して、先ほどのポートフォリオで資産形成を行った場合、それぞれ次の金額を積み立てていけばいいことになります（レバレッジ貯金は積立ではない）。

①保険（積立型変額保険）……………………………………5000円
②外貨（外貨預金）…………………………………………5000円
③金（純金積立）……………………………………………5000円
④レバレッジ貯金……………………………………………30000円

理想的な資産形成のポートフォリオ

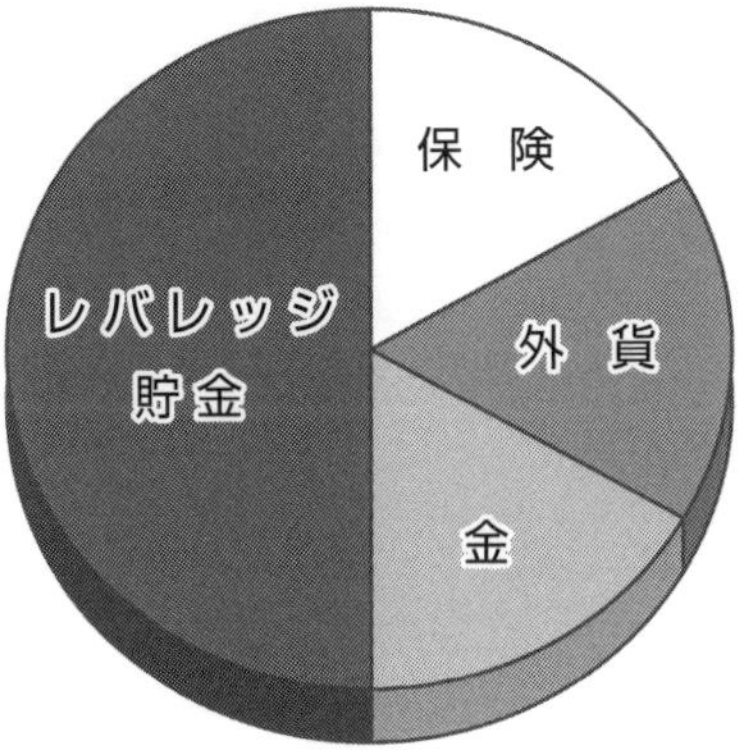

このように合計4万5000円ずつ、35年間、毎月積み立てていく（レバレッジ貯金は積立ではない）だけで、豊かな老後生活を送ることができるようになるのです。その差は、なんと33・1万円（＝37・6万円－4万5000円）です。

では、なぜ毎月4万5000円の資産形成をしていくだけで、老後35万円ものお金を自由に使えるようになるのでしょうか？

このカラクリについては次章で詳しく説明するとして、ここでは毎月4万5000円を資産形成のポートフォリオに分散投資するだけで、老後の豊かな生活ができるようになるのだということを覚えておいてください。

毎月4万5000円ならできそうな気がしませんか？

◆コラム⑤◆

銀行に預けたお金はどこに消えた?

大切なお金を銀行に預けておくだけではリスクが大きい、という話をしたいと思います。

たとえば、AさんがX銀行に1000万円預けていたとしましょう。当然、Aさんの預金通帳には1000万円と印字されています。

一方、BさんもX銀行に1000万円預けていて、CさんもX銀行に1000万円預けているとします。当然、BさんとCさんの預金通帳にも、それぞれ1000万円と印字されています。

このような状況の場合、当然X銀行には3000万円の現金があると思うでしょうが、じつは3000万円あるとは限りません。実際には、現金が1000万円しかない場合もあります。

いったい、なぜでしょうか？　2000万円はどこに消えたのでしょうか？

じつは、消えたわけではなく、もともと現金は1000万円しかなかったのです。

それが3人合わせて3000万円の通帳残高になったカラクリはこうです。

まず、Aさんが1000万円をX銀行に預けます。この時点では、X銀行に1000万円の現金がありました。

次に、X銀行がBさんに1000万円を融資しました。しかし、Bさんはすぐに使わないので、その1000万円をX銀行に預けました。

そして、その1000万円をX銀行はCさんに融資し、Cさんもすぐに使わないので、X銀行に預けました。

こうしてAさんが預けた1000万円が、Bさんに融資され、さらにCさんにも融資されて、1000万円の現金が、3人合計で3000万円の預金残高となったのです。

これを「信用創造（預金創造）」と言います。

このことが意味することは、日本国民全員の預金通帳の残高の合計よりも、実際に銀行にある現金の合計のほうが少ないということです。

したがって、預金者が銀行に殺到して一斉に預金を引き出そうとする取り付け騒ぎが起こると、現金が足りなくなることがあるのです。

取り付け騒ぎが起こると、その銀行が経営健全と評価されるまで、一時的に金融資産の引き出しを制限する預金封鎖が、政府によって行われることがあります。

ちなみに、日本ではこれまで取り付け騒ぎは何度も起きていますが、それによる預金封鎖はまだ実施されたことはありません。

ただし、日本政府による預金封鎖は過去に二度実施されたことがあります。

一度目は１９４４年のこと。日本国債の発行残高が国内総生産の2倍に達したため、償還が不可能となったことから、日本政府が預金封鎖を実施しました。このとき同時に財産税が新設され、預金の中から財産税が優先的に徴収されました。

二度目は１９４６年のこと。第二次世界大戦後のインフレーションの中、幣原内閣によって預金封鎖が行われました。

このときは新円切り替えによるもので、預金の引き出しが完全にできなくなったわけではありませんが、引き出し通貨量に制限が設けられたり、給与の一部が強制的に預金させられたりするなどの利用条件が設けられています。

今後、日本で預金封鎖が実施されることはないとは思いますが、実施されたとしても不思議ではありません。

預金封鎖が実施された場合、預貯金しかないと大変なことになりますので、できるだけ資産は分散させておいたほうがいいと言えるのです。

第6章

誰も教えてくれなかった「レバレッジ貯金」のススメ

～サラリーマンと経営者、
信用力が大きいのはどっち?～

①レバレッジとは「てこの作用」のこと

お待たせしました。では、「レバレッジ貯金」についてご説明しましょう。

「レバレッジ」という言葉はあなたも聞いたことがあると思いますが、日本語に訳すと「てこの作用」ということになります。

「てこ」については、あなたも小学生のときに習ったと思いますが、棒を一つの点で支え、その点を中心として自由に回転できるようにしたもので、小さな力を大きな力に変えたりすることができるものです。

「てこ」は忘れてしまっていても、「支点・力点・作用点」という言葉は記憶に残っているという人も多いのではないでしょうか。

この「てこの作用」を意味するレバレッジですが、経済活動においては、「他人の資本を使うことで自己資本に対する利益率を高めること。または、その高まる倍率」という意味で使用されています。

株の信用取引をやったことがある人ならわかると思いますが、通常の株の現物取引の場合は100万円分の株を買おうと思うと100万円の現金が必要になるのに対し、信用取引の場合は30万円の保証金を入れるだけで100万円分の株の取引をすることができます。

なぜこのようなことができるかというと、証券会社が「信用」を供与してくれているからです。

そして、購入した100万円分の株が値上がりし、110万円になったときに売却すると、通常の現物取引の場合も信用取引の場合も、ともに売買差益の10万円を手にすることができるのです。

ちなみに、現物取引の場合は100万円を使って10万円の利益を得たのに対し、信用取引の場合は30万円を使って10万円の利益を得ることができたことになります。

つまり、信用取引のほうが、少ない資金で大きなリターンを得ているわけで、これがレバレッジ効果なのです。

② サラリーマンと経営者、信用力が大きいのはどっち？

先ほど、株の信用取引の話をしましたが、「信用」ということでいうと、サラリーマンと経営者では、あなたはどちらが信用力が大きいと思いますか？

「そりゃ、経営者でしょ！　だって自分でビジネスをしてるんだから……」と思った人も多いのではないでしょうか。

しかし、信用という意味では経営者よりもサラリーマンのほうを評価している人たちがいます。

それは銀行員です。

たとえば、経営者とサラリーマンが不動産を買おうと思って、銀行にお金を借りに行った場合、銀行はサラリーマンにはお金を貸してくれるけれども、経営者には貸してくれないケースが多いのです。

つまり、お金を借りるための信用力という点では、経営者よりもサラリーマンのほうが、信用力が大きいということなのです。

では、なぜ経営者よりもサラリーマンのほうが信用力が大きいのでしょうか？
それは、サラリーマンのほうが経営者よりも収入が安定しているからです。
経営者は毎月の給料が保障されているわけではありません。仕事が順調なときはいいですが、仕事がなくなれば収入がゼロになることもあります。

それに比べて、サラリーマンは、よほどのことがない限り、一方的に解雇されることはありませんし、まじめに働いてさえいれば、その会社が続く限り、安定した収入を得続けることができるのです。

これがサラリーマンの「信用力」であり、この信用を銀行に差し出すことで、銀行は住宅ローンや投資用の不動産ローンを貸してくれるのです。

ちなみに、借りられる金額は、だいたい年収の10倍まで。年収4000万円の人なら4000万円まで、年収1000万円の人なら1億円まで借りることができます。

この信用力は、サラリーマンに与えられた非常に大きな特権であると言っても過言ではありません。

その信用を使わずに放っておくのか?

それとも、その信用を財産に変えるのか?

どちらを選択するかは個人の自由ですが、まずはサラリーマンであるということに、これだけの信用力があるということに気づいてほしいと思います。

③ レバレッジ貯金とは？

では、レバレッジ貯金とは、どのようなものなのでしょうか？

一言で言うと、「他人が自分のために、長期間にわたって、継続的に、お金を入れてくれる貯金箱を持つことによって、資産形成をすること」です。

「他人が自分のためにお金を入れてくれる貯金箱？　そんな都合のいい貯金箱なんてあるの？」と思った人もいるかもしれませんが、じつはこれがあるのです。

「他人が自分のためにお金を入れてくれる貯金箱」ということでいうと、たとえば「駅などに設置してあるコインロッカー」がそうですし、コインパーキングやコインランドリーもそうです。

コインロッカーは荷物などを入れておくスペースを他人に貸すことで、他人はその対価として自分のためにお金を払ってくれます。

同様に、コインパーキングは駐車スペースを他人に貸すことで、コインランドリーは洗濯機と乾燥機を貸すことで、他人がお金を払ってくれるのです。

もちろん、他人はこれらを利用する対価としてお金を払っているだけで、「オーナーのために払っている」という意識はありません。しかし、結果的にはオーナーのためにお金を払ってくれているようなものなのです。

ほかにも、カーシェアリングや賃貸不動産も、「他人が自分のためにお金を入れてくれる貯金箱」と言えます。

車や家は、自分のために使っているうちは「貯金箱」とは言えませんが、他人に貸すことによって「貯金箱」に変わるのです。

たとえば、3000万円のマンションをローンで購入した場合、毎月10万円前後のローンを返済していくことになるわけですが、自分で住んでいるうちは自分で全額返済していかなければいけません。自分のためのマンションですから当然ですよね。

しかし、このマンションを他人に貸すことで、マンションの家賃が入ってくる

ようになりますので、そのお金をローンの返済に充当することができるようにな
るわけです。
自分で住めば自分一人で返さなければいけないローンを、他人に貸すことで、
他人が一緒にローンを返してくれることになる——。
つまり、マンションという貯金箱に、自分と他人が一緒にお金を入れ、そのお
金でローンを返済しているということなのです。
しかも、マンションの購入代金の3000万円は、自分でためたお金ではなく、
サラリーマンという信用を担保に銀行から借りたお金ですので、レバレッジが効
いています。
だから、「レバレッジ貯金」なのです。

④「レバレッジ貯金」と呼べるものは不動産だけ

先ほど説明したように「他人が自分のためにお金を入れてくれる貯金箱」は、世の中にはたくさんあります。

世の中でレンタルされているものはすべて、この貯金箱だと言っても過言ではないでしょう。

ただし、これらの中で、単なる「貯金箱」ではなく、本当に「レバレッジ貯金」と呼べるものは、不動産しかありません。

前述のレバレッジ貯金の定義を思い出していただければわかると思いますが、「長期間にわたって、継続的に、お金を入れてくれる貯金箱」となると、不動産しかないのです。

ほかのものは「長期間にわたって、継続的に」という点で疑問があるからです。

コインロッカーはほぼ飽和状態ですし、コインランドリーも将来どうなるかわかりません。

また、車はモデルチェンジした途端に、その車種は人気がなくなり、借り手がつかなくなる可能性が高いと言えます。

つまり、流行り廃りのあるものは、「レバレッジ貯金」ではなく、「レバレッジ投資」なのです。

しかし、不動産（借家）というのは、昔から続いてきたものですし、この先も借家のニーズがなくなることはないと考えられます。

ただし、不動産であれば、何でもいいというわけではありません。

前述したように、820万戸の空き家が社会問題になっていることでもわかるように、物件選びを間違えてしまうと、借り手がつかなくて「不動産」が「負動産」になってしまうことも十分考えられます。

では、どのような物件を選べばいいのでしょうか？

これについては、後ほど詳しくお話しするとして、その前に「なぜ、レバレッジ貯金をすれば、老後を豊かに暮らしていけるのか?」という疑問にお答えすることにしましょう。

⑤「レバレッジ貯金」で老後を豊かに暮らせるカラクリ

なぜ「レバレッジ貯金」をすれば、老後を豊かに暮らしていけるのかというカラクリについて説明したいと思います。

その答えを一言で言うと、「老後もずっと家賃が入ってくるから」ということです。

前章で紹介した独身パターンの場合、老後豊かな生活をするために必要なお金は、毎月45万円でした。

このうち年金が毎月10万円入ってくるので、自分でなんとかしなければいけないのは毎月35万円。そして、その35万円を作るために、貯金だけだと毎月37・

6万円ずつ、35年間積み立てていかなければならないけれども、レバレッジ貯金をポートフォリオに組み込めば、毎月4万5000円でいいという話でした。

その4万5000円の内訳は以下の通りです。

①保険（積立型変額保険）……………5000円
②外貨（外貨預金）…………………5000円
③金（純金積立）……………………5000円
④レバレッジ貯金………………30000円

では、なぜこのポートフォリオで、毎月35万円の老後資金を捻出できるようになるのかというと、レバレッジ貯金をすること、すなわちマンションを購入して他人に貸すことによって、老後も35万円の家賃がずっと入ってくるからです。

毎月35万円の家賃が入ってくる物件となると、たとえばワンルームマンションが3部屋もしくは4部屋必要になります。

家賃が約9万円の物件だと4部屋、家賃が約12万円の物件だと3部屋ということです。

これら3部屋もしくは4部屋のワンルームマンションを、35年ローンで購入するとなると、毎月のローン返済額は合計でだいたい35万円くらいで、そのほかに管理費と修繕積立金が合わせて30000円くらい必要になります。

しかし、他人が家賃として35万円くらい貯金箱に入れてくれますので、それでローンを返済していけば、自分の負担は管理費と修繕積立金の30000円だけになるというわけなのです。

そして、ローンを返済し終わったあとは、これまでローン返済に充てていた家賃の35万円がまるまる手元に残ることになるので、そのお金で豊かな生活ができるというわけです。

これが毎月30000円のレバレッジ貯金で、豊かな老後を送ることができるカラクリです。

ちなみに、老後いくら必要かによって、レバレッジ貯金の金額は変動します。

35万円ではなく25万円でいいということになれば、2部屋でいけるかもしれませんし、45万円欲しいということであれば、5部屋所有する必要があるかもしれません。

そうすると、レバレッジ貯金の金額も変わってくるというわけです。

⑥ 家賃はインフレに対応している

現在、2％のインフレ政策が取られているわけですが、長い目で見た場合、インフレはずっと続くと考えられます。

そうなった場合、前にも書いたように、お金の価値は下がるので、貯金は目減りすることになります。

しかし家賃は、物価が上がれば、家賃も上がっていきますので、たとえ将来インフレになったとしても、そのときの状況に見合った家賃を得ることができるのです。

さらに、年金も物価に連動していますので、将来インフレになれば、それに対応した年金が支給されることになります。

したがって、家賃も年金もインフレに対応していますので、将来どんなインフレになろうとも、このスキームで資産形成をしておけば、インフレを恐れることはないのです。

これもレバレッジ貯金の大きなメリットと言えるのではないでしょうか。

◆コラム⑥◆

「国民一人当たりの借金867万円」は、本当に国民の借金なのか？

現在、日本の借金はいくらあるのかご存知ですか？

２０１７年12月末に発表された「国債及び借入金並びに政府保証債務現在高」という指標によると、日本が抱える借金の額は１０８５兆７５３７億円となっています（２０１７年12月末現在）。ついに１０００兆円を超えたかという感じです。

じつは、日本はこの50～60年間、ただの一度も、歳入が歳出を上回ったことがありません。つまり、家計でいえば、給料よりも支出のほうが多く、毎月借金をしながら生活しているような状態なのです。

ですから、日本の借金がどんどん膨れ上がるのは当然で、これに対して、「日本はこのままで大丈夫なのか？」と、日本の将来を危ぶむ声もあちこちから聞こえてきます。特に、ギリシャが債務不履行に陥ったケースを目の当たりにして、ますます不安になっている人も多いのではないかと思います。

この借金問題がテレビなどで取り上げられるとき、必ずといっていいほど言われるのが、「国民一人当たりにするといくらになるか」ということです。

日本の人口を約1億2500万人として計算すると、国民一人当たりの借金額は約867万円となります。

このような話を聞くと、多くの人は「そんなに借金があったら返せないのではないか？」と不安になることでしょう。

しかし、ここで一つの疑問が生じます。

それは、日本は誰から借金をしているのかということです。

その答えは、前述の指標によると、借金のほとんどが「国債」によるものとなっています。つまり、国債を誰かに買ってもらうことで政府は資金を調達しているのです。

では、いったい誰が国債を買っているのでしょうか？

それは、日本国内の金融機関や日本銀行であることがほとんどです。

ちなみに、国内の金融機関とは郵便局や銀行、保険会社などのことですので、大元をたどれば、金融機関にお金を預けている私たち国民が国債を購入しているといっても過言ではないのです。

ということは、私たち国民は債権者であって、債務者ではないということになりますので、厳密に言うと「国民一人当たりの借金」という表現は適切ではなく、「国民一人当たりの貸金」というのが正しいといえるでしょう。


貸金となると、日本が破綻した場合、私たちの預貯金が返ってこなくなるという事態が想定されるわけですが、日本はギリシャのように破綻する可能性はあるのでしょうか？

これについては、結論から言うと、日本はギリシャのように破綻する可能性は低いといえます。なぜなら、日本とギリシャとでは借金の性質が異なるからです。

日本の場合、国が借金をしている相手は、前述したように国内の金融機関や日本銀行がほとんどです。言わば我々国民からです。

つまり、日本を一つの家と考えた場合、家の家計の中でお金の貸し借りをしているだけと考えることができるのです。

これに対して、ギリシャの場合は国債保有者の多くが国外にいますので、金利を高く設定せざるを得なかったりするのです。

このような違いから、日本の場合はギリシャほど深刻な状態には陥らないだろうと考えられているわけですが、とはいえ、このまま借金が膨らんでいけば国の財政が圧迫され、増税などの措置を取らなければいけなくなるわけですから、楽観視できる状態でないことは確かでしょう。

実際、消費税や健康保険料は上がり続けていますし、年金の支給開始年齢も引き上げられています。

したがって、自分の老後を自分で守るためにも、私たちは「投資は怖い」などと言っている場合ではないのです。

第7章

「レバレッジ貯金」になる不動産、ならない不動産

～10の条件を満たす不動産を選ぶ～

①レバレッジ貯金になる不動産とは？

レバレッジ貯金とは、「他人が自分のために、長期間にわたって、継続的に、お金を入れてくれる貯金箱を持つことによって、資産形成をすること」であることは、すでに述べた通りです。

そして、他人がお金を入れてくれる貯金箱はいろいろあり、不動産もその一つではあるものの、どんな不動産でもいいというわけではないという話をしました。

では、「レバレッジ貯金」と呼べる不動産とは、どのようなものなのでしょうか？逆に、「レバレッジ貯金」ではなく、「レバレッジ投資」になってしまう、リスクのある不動産とはどのようなものなのか？

本章では、これらのことについて説明していきたいと思います。

まず、「レバレッジ貯金」と呼べる不動産についてですが、これについては、次の10の条件を満たす不動産を選ぶべきだと考えます。できれば、すべての条件を満たすものがおすすめです。

では、順に説明していきましょう。

①最低60年以上持つ物件

レバレッジ貯金の目的は、定年後100歳までの40年間を、豊かに生活していくための資産形成です。

それを不動産からの家賃収入でまかなうためには、25歳で物件を購入したとして、100歳までの75年間は、家賃収入を得続けられることが必須条件になります。

そのためには、木造の建物ではなく、鉄筋コンクリート構造の物件でなければなりません。

ちなみに、鉄筋コンクリートのマンションなら100年以上は持つと思いますが、鉄筋コンクリートのマンションができてから、まだ１００年経っていませんので、なんとも言えないところですが、築50年、60年の鉄筋コンクリートのマンションはたくさんありますので、鉄筋コンクリートの物件であれば、最低でも自分が生きている間の75年間は持つと考えられます。

なお、海外には築１００年以上のマンションがたくさん存在しています。

②公共交通網が発達しているエリアの物件

車で通勤する人が多いエリアの物件の場合、借り手にとっては立地条件の制約がなくなります。駅から遠く離れた物件でも、通勤にはなんら問題がないわけです。

そうなると、駅から徒歩何分圏内の物件だからといって、借り手がつくとは限らなくなり、物件の需要予測が非常に難しくなります。

逆に、公共の交通網が発達しているエリアの場合は、車通勤をする人が少なくなるため、駅から徒歩何分圏内の物件であれば、一定の需要が見込めることになり、空室リスクが低減するというわけです。

③商業施設や娯楽施設が多いエリアの物件

デパートやショッピングセンターといった商業施設や、映画館やカラオケ、スポーツ施設といった娯楽施設がたくさんあるエリアは、生活の場としては便利ですし、住んでも楽しい場所です。

このような便利で楽しいエリアの物件はいつの時代も人気がありますので、こういうところにある物件を購入すれば間違いないと言えるのです。

④若者が多く集まる街にある物件

街の将来性という点で考えると、お年寄りの割合が高い街よりも、20代30代の若者がたくさん集まる街のほうが、その街の将来性があると言えます。

特に、流行の最先端を行くような街や、情報の発信基地となっているような街に、若者は魅力を感じますので、そのような情報発信エリアの物件を探すことも、重要な条件の一つと言えます。

⑤リノベーションし続けている街の物件

古いもの、変わらないものにも価値はありますが、人が住みたくなるかどうかという点で考えると、やはり時代の変化に合わせて常にリノベーションし続けている街のほうが望ましいと言えるでしょう。

変わらない街の物件よりも、常に街のどこかで再開発が行われているような、発展し続けている街の物件のほうがおすすめです。

⑥余っている土地がないエリアの物件

周りに田んぼや畑がたくさんあって、土地が余っているようなエリアの物件を購入してしまうと、今後新しい物件が建つ可能性が十分考えられるため、ライバルの出現によって供給過多になったときに空室になってしまうリスクがつきまといます。

しかし、土地が余っていないエリアの物件であれば、今後、強力なライバルが出現する可能性が低いので、空室リスクも低くなります。

実際、ニューヨークや香港では、もうこれ以上マンションは造り増せない状態になっており、不動産の値段がどんどん上昇し続けているのです。

⑦企業が集中しているエリアの物件

企業が集中しているということは、当然そこで働く人たちもたくさんいるということです。

これまでは中心市街地の人口が減少し、郊外の人口が増加する「ドーナツ化現象」が社会問題の一つとなっていましたが、少子高齢化でこれまでよりも職住接近が進むことが考えられますので、企業が集中しているエリアは狙い目と言えるのです。特に独身で収入の高い人は、職場に近いエリアを住居地域として選ぶ傾向があります。

⑧賃金が高いエリアの物件

賃金の低いエリアは家賃相場も低くなりがちなのに対し、賃金の高いエリアは家賃相場も高くなる傾向にあります。ですので、賃金の高いエリアの物件を購入しておくと、高い家賃を得ることができるのです。

ちなみに、厚生労働省発表の平成30年度地域別最低賃金一覧によると、最も高いのは東京都の985円で、最も低いのは鹿児島県の761円となっています。

⑨家賃が落ちづらいエリアの物件

家賃が落ちづらいエリアかどうかも、事前にチェックしておくべき項目です。

たとえば、あなたが購入を検討している物件と同じような物件の家賃が、そのエリア内では7万円だったとした場合、数年前と比較して下がってきて7万円になったのか、上がって7万円になったのかを把握しておく必要があります。

不動産会社に聞けばわかりますので、必ずチェックしておきましょう。

通常は、築年数の経過とともに家賃も下がっていくのが一般的ですが、エリアによっては築年数に関係なく、家賃を上げても入居者が入るエリアがありますので、そういうエリアの物件を狙うといいでしょう。

⑩治安の良い街の物件

入居者にとっては、その街の治安も気になるところです。

当然ですが、治安の悪い街よりも、治安の良い街のほうが、入居者は安心して暮らせますので、物件に対するニーズが多くなります。

その結果、空室リスクが下がることになるのです。

以上が、「レバレッジ貯金」と呼べる不動産の10の条件です。

資産形成を目的にレバレッジ貯金を始める場合は、これら10の条件をできるだけ多く満たす物件を選ぶようにしましょう。

10の条件すべてに当てはまる物件が理想ですが、そういう物件はそう多くはありませんので、最低でも7つは当てはまる物件を選ぶようにしてください。

「レバレッジ貯金」と呼べる不動産チェックリスト

	CHECKLIST	
1	最低60年以上持つか？	□
2	公共交通網が発達しているエリアか？	□
3	商業施設や娯楽施設が多いエリアか？	□
4	若者が多く集まる街か？	□
5	リノベーションし続けている街か？	□
6	余っている土地がないエリアか？	□
7	企業が集中しているエリアか？	□
8	賃金が高いエリアか？	□
9	家賃が落ちづらいエリアか？	□
10	治安の良い街か？	□

② レバレッジ貯金にならない不動産とは？

次に、レバレッジ貯金にならない不動産についても説明しておきたいと思います。

まず、先ほど説明した「10の条件」と正反対の物件については、あらためて説明するまでもないと思いますので、項目だけ挙げておきます。

①60年以上持たない物件
②公共交通網が発達していないエリアの物件
③商業施設や娯楽施設が少ないエリアの物件
④若者が少ない街にある物件
⑤リノベーションが行われていない街の物件
⑥土地が余っているエリアの物件
⑦企業が少ないエリアの物件

⑧賃金が低いエリアの物件
⑨家賃が落ちやすいエリアの物件
⑩治安の悪い街の物件

次に、これらのほかにも、「こんな物件は買ってはいけない」というものがあります。それは次のような物件です。

⑪家賃が極端に安い物件
⑫利回り追求型の物件
⑬部屋が広すぎる物件
⑭大学や企業に依存している物件
⑮２０１４年以前に建てられた物件
⑯新しいスキームの物件

では、順に説明していきましょう。

⑪家賃が極端に安い物件

家賃が極端に安い物件というのは、たとえば東京23区内であれば家賃が4万円以下の物件、名古屋市内であれば3万円以下の物件といったものです。

このように、そのエリアの同じタイプの部屋の家賃相場よりも極端に安い物件は、何らかの問題があるから、そのような家賃設定になっています。

もしかすると、その物件を購入してから何らかの手を加えれば、家賃を相場並みに上げることができるかもしれませんが、素人が手を出すにはハードルが高すぎますので、このような物件は避けたほうが無難でしょう。

⑫利回り追求型の物件

やたらと「○%の利回りが期待できる」といったことを強調している物件は、一見すると、魅力的に見えるものです。

しかし、このような物件はあくまで「投資」対象であって、「資産形成」を目的とした物件としては適さないと言えます。

近年、マンションやアパートの一棟買いで失敗している人が続出していること からもわかるように、「○%の利回り」は保証されたものではなく、何部屋か空室になってしまうと、途端に計算が狂ってしまうのです。

ですから、このようなリスクのある物件を資産形成のポートフォリオに組み込んでしまうことのないよう、くれぐれも注意しましょう。

⑬部屋が広すぎる物件

たとえば、ワンルームマンションなのに50㎡以上もあるような極端に広い物件は、部屋が広い分だけ物件の値段も高くなりますので、家賃も高く設定せざるを得なくなります。

しかし、このような物件に対するニーズは、それほど多くはありませんので、常に空室になるリスクがつきまといますので、レバレッジ貯金には向かない物件と言えるのです。

⑭大学や企業に依存している物件

「近くに○○大学がある」「近くに△△会社の工場がある」というように、特定の大学や企業に依存している物件は、一見すると空室になりにくいように思われるかもしれません。

しかし、未来永劫ずっとそこに大学や企業があるかというと、その保証はどこにもありません。近年、少子化の影響で定員割れしている大学も増えていますので、いつその大学がなくなってしまうかわからないのです。

企業も同じで、業績が悪くなると、工場が閉鎖になるということも十分考えられます。

したがって、長期間の資産形成を考えた場合、1つの大学や企業だけに依存しているような物件は、非常にリスクが高いと言えるでしょう。

⑮2014年以前に建てられた物件

2011年3月に発生した東日本大震災を機に、建設業界ではこれまで以上に地震に強い建物が建てられるようになりました。
ですので、東日本大震災よりも前に建てられた物件はもちろんのこと、設計・施工の期間を考えた場合、２０１４年より前に建てられた物件は、２０１４年以降に建てられた物件よりも地震に対する耐久性が低いと考えられます。

今後、東日本大震災クラスの地震が来ないとも限りませんので、そのことを考えると、２０１４年以降に建てられた物件を選ぶ方が安心と言えるでしょう。

⑯新しいスキームの物件

シェアハウスや狭小アパート、民泊、賃貸併用住宅（自分が住む居住スペースと人に貸す賃貸スペースが共存している物件）など、近年、新しいスキームの物件が続々と登場しています。

しかし、これら新しいスキームの物件は、消費者のニーズがベースにあって考えられた物件というよりは、販売者や供給者側の都合で考えられた物件であることが多いため、一時的にブームになることはあっても、長い目で見た場合はどうなるかわからないというのが正直なところです。

実際、シェアハウスを販売していた会社が相次いで破綻したのは記憶に新しいところですし、最近急増している狭小アパートも、この先どうなるかは誰にもわかりません。

民泊も法律が変わればどうなるかわかりませんし、賃貸併用住宅では入居者とのトラブルが発生しているケースもあるようです。

このような新しいスキームは、良いときもあるかもしれませんが、人気がなくなることもあります。したがって、長期的な資産形成として考えた場合は、新しいスキームの物件よりも、昔から続いているごくごく一般的な「賃貸」のスタイルがベストなのです。

③ 本当に目的を達成できる不動産とは？

本章では、レバレッジ貯金になる不動産と、ならない不動産の条件についてお話ししてきたわけですが、最後に具体的にどのエリアの、どんな不動産がいいのかということについてお話ししておきたいと思います。

まず、再現性があって不労所得が得られる不動産としては、一棟マンションよりもワンルームマンションのほうがいいという話は前述した通りです。

では、どのエリアのワンルームマンションがいいのでしょうか？

どのエリアのワンルームマンションを購入すれば、理想的な豊かな老後生活を送ることができるのでしょうか？

その目標達成度を表したのが次のデータです。

ちなみに、対象となる物件は、各エリア内の主要駅から徒歩10分圏内にあるワ

再現性と空室率

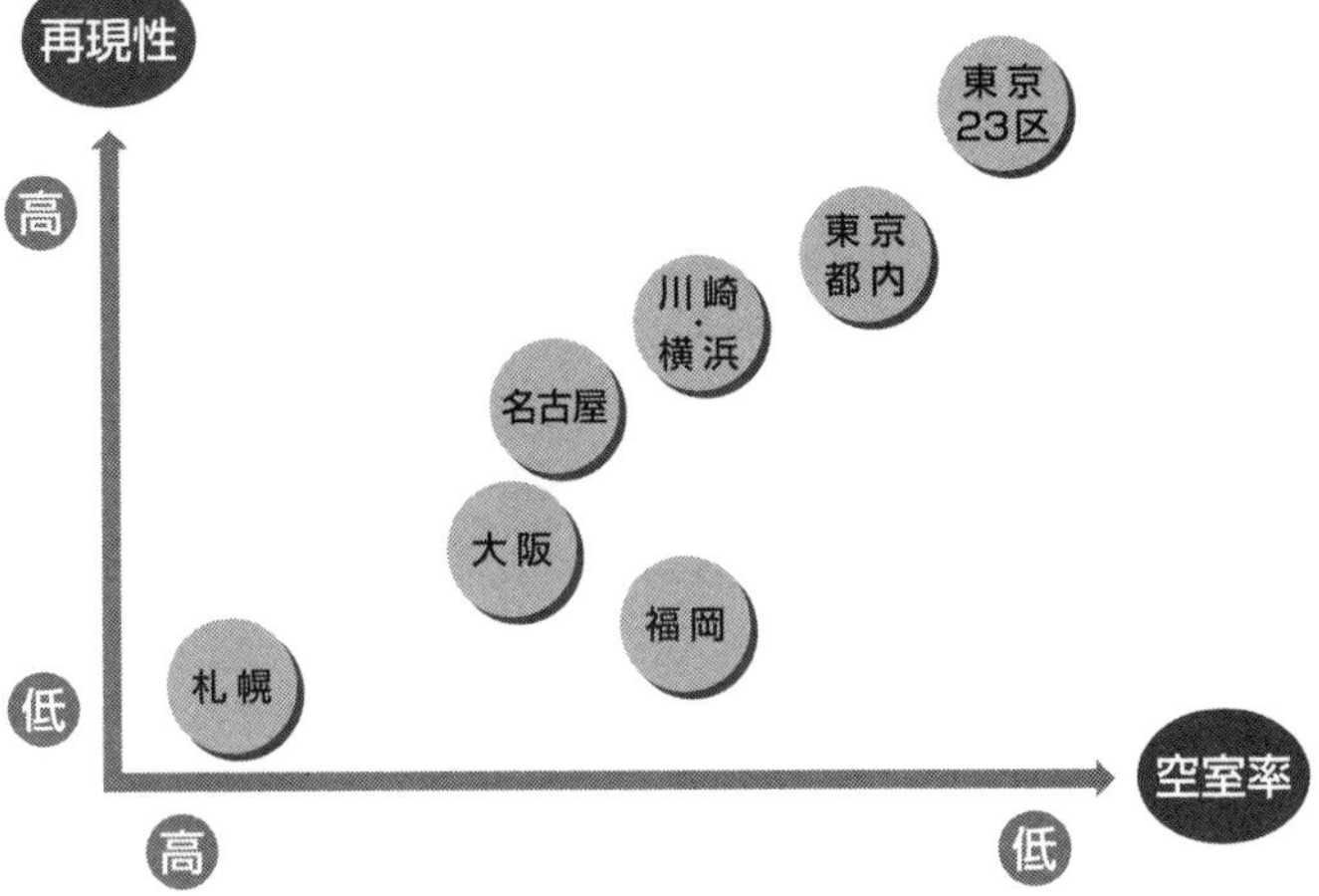

（出典：2018年一般社団法人日本ワンルームマンション協会／駅徒歩10分以内に限定）

ンルームマンションで、達成度については理想的な豊かな老後生活を送るために、そのワンルームマンションの想定家賃が未来にわたってどれだけ再現され続けるか（資産価値と家賃の下落はどうか）、空室リスクはどれくらいあるかといったことを総合的に判断したものです。

このように目標達成度は東京23区内のワンルームマンションがダントツで高いわけですが、その理由はワンルームマンションの供給スピードが需要の伸びに追いついていないことです。

駅近の東京23区内にはワンルームマンションを建てられる土地がほとんどありません。さらに、2007年ごろから東京23区内では、すべての自治体がワンルームマンションの建設を規制しています。

その一方で、東京23区内への人口流入は年々増加していますので、需要に供給が追い付いていかない状況なのです。

日本広しといえども、このような現象が起こっているのは東京23区内だけなのです。

今後、この流れはさらに加速し、東京23区内のワンルームマンションを購入することは年々厳しくなっていくことでしょう。

◆コラム⑦◆

少子化で東京一極集中はどうなる?

現在、少子化の影響で日本の人口は減少局面に入っています。

こうした中で今後、人口の東京一極集中はどうなっていくのでしょうか?

これについては、たとえ日本の人口が減少したとしても、東京の一極集中は今後ますます加速していくだろうと考えられています。

2014年に政府は、東京一極集中を是正し、地方の人口減少に歯止めをかける「地方創生政策」を打ち出しましたが、目立った成果は上がっておらず、東京一極集中が進行しているのが実情なのです。

世界的に見ても、たとえばロンドンやニューヨーク、フランクフルト、パリ、香港といった歴史のある都市は一極集中になっていますので、東京もこれらの都市と同じような道を辿るものと思われます。

また、企業の東京一極集中も今後ますます加速していくと考えられています。その理由は、リニアモーターカーの開通など交通の便が発達していくと、東京と地方都市との移動時間が短くなるため、わざわざ地方に支店を置かなくてもよくなるからです。

さらに、大学もこれまでは郊外にキャンパスを移す動きが見られましたが、少子化で学生の数が減ってくると、都内にキャンパスを戻す動きが出始めています。


これらのことを考えると、空き家問題が社会問題化しつつある中で、東京都内、特に23区内の不動産（ワンルームマンション）に限っては、空室リスクはゼロに近いと言っても過言ではないでしょう。ということは、家賃相場も下がりにくいと言えるのです。

さらに、23区内ではすべての自治体がワンルームマンションの建設を規制しています。つまり、これは供給が減るということですので、レバレッジ貯金を始めるならできるだけ早いほうがいいということです。

第8章

25歳になったらレバレッジ貯金を始めなさい!

～早く始めた人から裕福になっていく～

① 早く始めれば、時間のレバレッジが効く

最後に、レバレッジ貯金を始めるなら、早く始めたほうがいい理由について、いくつか紹介しておきたいと思います。

1つ目は、早く始めたほうが、時間のレバレッジが効くからです。

たとえば、銀行からお金を借りて、3000万円の不動産を購入する場合、35年ローンだと、毎月の返済額は元本と利息を合わせて、だいたい10万円くらいになります。

そして、その不動産が先ほど説明した「レバレッジ貯金」と呼べる物件の場合は、このローン返済額と管理費と修繕積立金の合計額の9割程度を、家賃収入で賄うことができるので、自分の実質的な負担額は月々1万円程度ですむというわけです。

ところが、レバレッジ貯金を始めるのが遅くなり、3000万円を35年ローンではなく、20年ローンで借りるとなると、毎月の返済額は元本と利息を合わせて、だいたい15万円くらいになってしまいます。

そうなると、当然、ローン返済額等の支出額が、家賃収入を大きく上回ってしまいますので、自分の実質的な負担額が大幅に増えてしまうことになるのです。

したがって、レバレッジ貯金を始めるなら、月々の負担額が少なくてすむ若いうちに始めるのがいいのです。

これが時間のレバレッジ効果です。

25歳からレバレッジ貯金を始めれば、35年ローンを返済し終えるのが、ちょうど60歳ということになります。

ローンがなくなれば、あとは家賃収入がまるまる生活費に使えることになりますので、定年退職後、再就職せずに働かないという選択肢を選ぶこともできるのです。

② 5年後、10年後だと、最適な物件探しが難しくなる

40歳や50歳になってしまったら、レバレッジ貯金を始められないかというと、そんなことはありません。

もし、あなたが今、40歳や50歳なら、始めることは可能です。

ただし、前述したように月々の自己負担額が増えますので、それが許容できるのであれば大丈夫でしょう。

ただし、今あなたが25歳だとして、「10年後の35歳から始めよう」とか、「15年後の40歳から始めよう」などと考えているとしたら、そこから始めるのは正直かなり難しいと言えます。

その理由は、時間が経てば経つほど、レバレッジ貯金と呼べる物件を探すことが非常に難しくなるからです。

前章で書いた「レバレッジ貯金と呼べる不動産の10の条件」を満たす物件は、無限に供給されるものではありません。数に限りがありますので、早い者勝ちと言っても過言ではないのです。

したがって、レバレッジ貯金を始めるなら、今すぐ始めたほうがいいのです。

③ レバレッジ貯金をすれば無駄遣いをしなくなる

あなたは、お金があると使ってしまうタイプの人ですか?

もし、そうだとしたら、ぜひ早めにレバレッジ貯金を始めることをおすすめします。

意志の強い人は自分で貯められるものですが、意志の弱い人は給料から天引きされたり、銀行口座から自動で引き落とされたりしないと、なかなか貯められないものです。

特に、なにかと誘惑の多い若いときは、強制的に貯めておかないと、お金があると無駄使いをしてしまいます。

しかし、最初からお金がなければ使わないものなのです。

ですので、前に紹介した資産形成のポートフォリオを組むことによって、強制的かつ自動的に資産形成をしていきましょう。

④ 自分のためだけでなく、親孝行ができるようになる

「親孝行したいときには親はなし」ということわざをご存知の方も多いでしょう。

このことわざの意味は、自分が年老いて親の気持ちがわかるようになり、親を大切にしようと思ったときには、すでに親はなくなってしまって、もうこの世にはいないことが多いということです。

たしかに、このようなこともあるかと思いますが、世の中にはもっと若いときから親孝行がしたいと思っている人も多いと思います。

しかし、心の中では親孝行がしたいと思っていても、経済的に余裕がなくて親孝行ができていない人も多いことでしょう。

しかし、レバレッジ貯金を始めれば、これまでしたくてもできなかった親孝行ができるようになります。

なぜなら、レバレッジ貯金をすることで、自分の老後に必要なお金が確保できるようになるので、それ以外のお金を親孝行のために使うことができるからです。

具体的には、親と一緒に食事に行ったり、旅行に出かけたりすることもできるようになるのです。

もちろん、親孝行だけでなく、家族のいる人は、奥さんや子供さんのためにもお金が使えるようになります。自分の大事な人たちに、今の生活で我慢を強いる必要がなくなりますし、将来の安心も与えてあげることができるようになるのです。

このようにレバレッジ貯金は、自分のためだけでなく、自分の大事な人のためでもあるのです。

おわりに

最後までお読みくださいまして、ありがとうございました。
資産形成の必要性を感じていただけましたでしょうか？
私たちがこの本であなたに一番伝えたかったことは、資産形成の必要性と、そのための最適な手段がレバレッジ貯金だということです。

本書の冒頭でも書きましたが、世の中にはお金を増やそうとして、生半可な知識で株やＦＸに手を出して、失敗している人がいます。

その一方で、投資は怖いという思いから、ただ銀行にお金を預けているだけの人もいます。

じつは、私たちは前者のタイプで、これまでいろいろな投資を行ってきました。一時的にうまくいったものもありましたが、最終的には失敗したものばかりです。その中で、私たちが行きついたのがレバレッジ貯金でした。そして、これなら投資に失敗して臆病になっている人にも、投資をしたことがない人にも、自信を持っておすすめできる資産形成法だと確信したので、本書でお伝えすることにしたのです。

正直、レバレッジ貯金には「いくら儲かる！」といった派手さはありません。むしろ、地道に、コツコツと、時間をかけて、資産を形成していくものであるという意味では、地味なものです。

しかし、地味だからこそ、安全で、安心な資産形成法だと言えるのです。

数ある投資本の中で、本章を通してあなたと出会えたことは、奇跡と言ってもいいかもしれません。

最後までコツコツと本書を読んでくれたあなたには、レバレッジ貯金はすごく向いていると思います。

ですから、本書を読んで少しでも資産形成の必要性を感じていただけたなら、ぜひ第一歩を踏み出してほしいと思います。

本書があなたの資産形成のお役に立てれば、著者としてこれほどうれしいことはありません。

最後になりましたが、私たちに出版の機会を与えてくださった、ぱる出版の瀧口孝志さま、「レバレッジ貯金」普及委員会のメンバーのみなさんに、この場をお借りしてお礼を言いたいと思います。

そして、本書を最後まで読んでくださったあなたに感謝するとともに、あなたの成功を心からお祈りしています。

「レバレッジ貯金®」普及委員会（渡邉一樹／加藤皓太）

メンバーの多くが様々な投資経験者で、その中で最終的に行きついたのが、“ローリスク”＆“ほったらかし”の資産形成法であるレバレッジ貯金だったことから、まさに資産形成の王道とも言うべきレバレッジ貯金を世の中に広く普及させるべく、啓蒙・広報・相談等の活動を行っている団体。

これまで資産形成の相談に乗ってきた人数は延べ5000人以上。レバレッジ貯金を中核に据えた資産形成のノウハウは、「最小の資本で最大の価値を作ることが可能」と、サラリーマンや投資初心者を中心に多くの人たちから圧倒的な支持を得ている。

年金不安やインフレリスクなど将来不安が高まる中で、「若い人たちに正しい資産形成のノウハウを伝え、将来の不安をなくすこと」をミッションに、より安全で確実な資産形成法の調査研究活動も行っている。

「レバレッジ貯金」は商標登録済（登録番号：第6011877号）

◎問い合わせ先：
https://goo.gl/forms/WuP3SnPG1PLZCijg2

「レバレッジ貯金《ちょきん》」のススメ

2019年2月12日　初版発行
2025年2月26日　3刷発行

著　者　渡邉《わたなべ》 一樹《かずき》／加藤《かとう》 皓太《こうた》
発行者　和田智明
発行所　株式会社 ぱる出版

〒160-0011　東京都新宿区若葉1-9-16
03(3353)2835 — 代表
03(3353)2826 — FAX
印刷・製本　中央精版印刷(株)
本書籍に関するお問い合わせ、ご連絡は下記にて承ります。
https://www.pal-pub.jp/contact

©2019 Kazuki Watanabe & Kota Kato　Printed in Japan
落丁・乱丁本は、お取り替えいたします

ISBN978-4-8272-1162-7 C0033